Gert Henrici/Hartmut Klinger

Linguistik – Lehrer – Sprachunterricht

Köln, 25. 9. 81

ferd Andermann

Monographien Literatur + Sprache + Didaktik 15

Herausgegeben von: ·
Barbara Kochan · Detlef C. Kochan · Harro Müller-Michaels

Gert Henrici · Hartmut Klinger

Linguistik – Lehrer – Sprachunterricht

Scriptor Verlag Kronberg/Ts.
1976

© 1976 Scriptor Verlag GmbH & Co KG
Wissenschaftliche Veröffentlichungen
Kronberg/Ts.
Umschlagentwurf Siegfried Schumacher
Satzarbeiten Main-Taunus-Satz Giebitz & Kleber, Eschborn/Ts.
Druck- und Bindearbeiten F. Pustet, Regensburg
Printed in Germany
ISBN 3-589-20507-5

11 = BF/L 1378 Sc

Inhaltsverzeichnis

1. Zielsetzung der Untersuchung

In der vorliegenden Untersuchung werden die Ergebnisse einer Befragung von Lehrern über ihre Erfahrungen und Einschätzungen mit/zu moderner Linguistik[1] im Deutsch- und Fremdsprachenunterricht vorgelegt. Damit sollen konkrete Aufschlüsse gewonnen werden im Hinblick auf eine möglichst praxisorientierte linguistische Forschung und eine theorie-praxisorientierte Lehrerausbildung in den sprachlichen Fächern, ein entsprechendes Lehrangebot, eine gezielte Lehrerfort- und Lehrerweiterbildung und eine theorie-praxisorientierte Curriculumentwicklung (vgl. *Henrici* 1974a und b, 1975, 1976a und b).

Über die Möglichkeiten, wie diese Absichten unter Berücksichtigung der Interessen aller Betroffenen (Schüler, Studenten, Lehrer, Fachdidaktiker und Fachwissenschaftler) konkret realisiert werden können und sollen, besteht in der didaktischen Diskussion noch weitgehend Unklarheit. Im Anschluß an die Zusammenfassung werden dazu im letzten Kapitel ,,Mögliche Konsequenzen: ,Pädago-Linguistik' " einige Vorschläge gemacht.

Die ausführliche Befragung erschien uns besonders deshalb als notwendig, weil in den neuen Richtlinien/Unterrichtsempfehlungen der sprachlichen Fächer für die Sekundarstufe I und II der einzelnen Bundesländer in zunehmendem Maße ausdrücklich linguistische Erkenntnisse (Methoden und Inhalte) in Ausbildung und Praxis der traditionellen sprachlichen Fächer berücksichtigt werden sollen. Die Schulbuchproduktion hat sich auf ihre Weise seit geraumer Zeit auf diese Entwicklung eingestellt. Auch dieser Aspekt wurde in der Befragung erfaßt.

Die Untersuchung versteht sich zugleich als ergänzende und fortführende Arbeit von *Henrici* 1973, in der u. a. die Rolle der Linguistik in Ausbildung und Praxis des Deutsch- und Fremdsprachenunterrichts durch Analysen von Vorlesungs-, Seminar-, Referendar-, Fachleiterthemen und umfassende Oberstufenschülerbefragungen im Raum Köln untersucht wurde.

Einige wesentliche Ergebnisse der Untersuchungen von 1973 in dieser Frage waren:
— Die linguistische Ausbildung der Lehrer in Hochschule und Referendariat fehlt bzw. ist unzureichend im Vergleich mit einer allerdings traditionell orientierten literaturwissenschaftlichen Ausbildung.
— Es besteht eine deutliche Diskrepanz zwischen theoretischer Ausbildung

---

1 Unter ,,moderner Linguistik" werden im weitesten Sinne alle linguistischen Modelle/ Theorien/Schulen ab Saussure unter Einbeziehung der inhaltbezogenen Sprachwissenschaft verstanden.

und den Erfordernissen der Schulpraxis, für die Lehrer in erster Linie ausgebildet werden sollen.

- Es besteht ein Mißverhältnis zwischen der Schulpraxis und den an späteren Lebenssituationen orientierten Bedürfnissen der Schüler.

- Aufgrund einer fehlenden, immer wieder mit Nachdruck zu fordernden einphasigen, zumindest aber praxisorientierten Lehrerausbildung, und dadurch bedingt aufgrund eines fehlenden permanenten Kontakts zwischen Theorie und Praxis wird eine schnelle Aufnahme, Verarbeitung und Erprobung neuerer wissenschaftlicher Erkenntnisse verhindert bzw. nur in Ausnahmefällen durch auf lange Sicht kaum zumutbare Eigeninitiativen bestimmter interessierter Einzelpersonen gewährleistet.

- Ein Unterricht, der sich explizit mit linguistischen Fragestellungen beschäftigt, ist in der Schule kaum zu beobachten, obwohl ihn die Oberstufenschüler nach der Umfrage zumindest im Fach Deutsch wünschen.

Eines der Ziele der vorliegenden Untersuchung ist es, diese Ergebnisse zu überprüfen und mit Hilfe der Lehrerbefragung — diese Komponente fehlte in der Untersuchung von 1973 — zu präzisieren und auf den neuesten Stand zu bringen.

Im übrigen scheinen uns empirische Untersuchungen dieser Art noch viel zu selten zu sein — so klein dimensioniert sie auch aufgrund personeller und finanzieller Voraussetzungen sein mögen. Sie sind unbedingt erforderlich, um aus der Phase sich ständig vermehrender spekulativer Aussagen besonders auf dem Gebiet der sogenannten „angewandten Linguistik" und der „Linguo-" und Sprachdidaktik herauszukommen und eine rationalere Planung aufgrund von gezielten und wissenschaftlich abgesicherten Erprobungen und Erhebungen in Ausbildung und Unterricht zu ermöglichen.

2. Aufbau der Untersuchung

Die der Untersuchung zugrundeliegende Befragung (vgl. den detaillierten Fragebogen im Anhang) wurde von März bis Mai 1975 nach einem vorausgehenden Testlauf durchgeführt und an jeweils vier Lehrer an zweihundert durch Zufallsverfahren gewählte Gymnasien (von 626 Gymnasien) in Nordrhein-Westfalen gerichtet.

Bei der Auswahl der Lehrer einer Schule wurde darauf geachtet, daß folgende Fächerkombinationen vertreten waren:
— Deutsch/moderne Fremdsprache
— Deutsch/beliebiges Fach
— moderne Fremdsprache/moderne Fremdsprache
— moderne Fremdsprache/beliebiges Fach

Es wurden nur Lehrer ausgewählt, die nach 1935 geboren sind. Durch diese Beschränkung auf „jüngere" Lehrer wird schon deutlich, daß es uns weniger auf eine repräsentative Erfassung der gesamten in Frage kommenden Lehrerschaft ankam, sondern es sollte vor allem gewährleistet sein, daß die Meinungen der Lehrer erfaßt wurden, die mit höherer Wahrscheinlichkeit Linguistik an der Hochschule bzw. im Referendariat hatten rezipieren können.

Trotz einer „Mahnung" kamen nur neunzig beantwortete auswertbare Fragebögen von siebenundsiebzig Schulen zurück. Durch diesen enttäuschend geringen Rücklauf von 11,3 % hat sich eine nicht unerhebliche Verzerrung der ursprünglichen Stichprobe ergeben. Ausmaß und Richtung dieser Verzerrung sind von uns nicht eindeutig angebbar. Einige Aufschlüsse über mögliche Gründe für den geringen Rücklauf geben uns zahlreiche Bemerkungen in den Begleitschreiben zu den ausgefüllten Fragebögen und in den ablehnenden Schreiben:
— Nichterreichen der Adressaten
— Bequemlichkeit
— Zeitmangel aufgrund zu starker schulischer Belastung
— Mißtrauen gegenüber modernistisch erscheinenden wissenschaftlichen Fremdinitiativen
— Beurteilung von detaillierten Befragungen als Eingriff in die „Privatsphäre"
— Reformmüdigkeit
— mangelnde Kompetenz auf dem Gebiet der modernen Linguistik
— Teilnahme am Quadriga-Funkkolleg?? (wurde von 4 Lehrern genannt)

Da in den meisten ablehnenden bzw. entschuldigenden Schreiben — man verwies hier auch oft auf die Meinungen anderer Kollegen — als Grund angeführt wurde, daß man den Fragebogen vor allem aufgrund mangelnder linguistischer Kenntnisse nicht beantwortet hatte, läßt sich vermuten, daß dieser

Grund auch für die „schweigende Mehrheit" der ausschlaggebendste gewesen sein muß.

Umgekehrt läßt sich daraus schließen, daß die Lehrer, die den Fragebogen beantwortet haben, ein tatsächliches Interesse an dem Problem Linguistik und Sprachunterricht haben. Da es uns vor allem darauf ankam, praktische Erfahrungen mit Linguistik im Unterricht und darauf beruhende Einschätzungen und Kritiken zu erfassen, haben gerade die Meinungen und Aussagen dieser interessierten Lehrer einen hohen Stellenwert.

Trotz der faktisch relativ geringen Basis, trotz der vielen „offenen" Fragestellungen, auf die z. T. sehr heterogene Antworten gegeben wurden, deren Klassifizierung und Systematisierung in nicht unerheblichem Maße durch unser subjektives (Vor-)Verständnis beeinflußt ist und trotz der dadurch teilweise eingeschränkten Gültigkeit und Zuverlässigkeit meinen wir dennoch, daß die Aussagekraft unserer Daten nicht unterschätzt werden sollte: die durchgängige Wiederholung bestimmter Formulierungen, Begründungen und Forderungen läßt deutliche Tendenzen in den Einstellungen der Lehrer erkennen. Selbst Antworten, die im Rahmen bestimmter Fragestellungen nicht am rechten Platze erscheinen, werden aufschlußreich, da sie andere Antworttendenzen bestätigen und bestärken.

Für die bei der Darstellung auftauchenden üblichen Schwierigkeiten (z. B. Tabellen und/oder Graphiken, absolute Zahlen und/oder Prozentzahlen, Anhang: ja oder nein, Gesamtheit der Ergebnisse oder Auswahl aus den Ergebnissen) lassen sich in der einschlägigen Fachliteratur der empirischen Sozialforschung (*König* 1952 und 1967, *Noelle* 1963, *Zeisel* 1970, *Kriz* 1973, *Mayntz* u. a. 1974) keine eindeutigen Vorschläge finden. Wir haben die dort gegebenen Anregungen aufgenommen, unsere letztlich nach subjektiven Einschätzungen gefällten Entscheidungen sind wesentlich zugunsten einer Leserschaft getroffen worden, die nicht aus versierten, möglichst Vollständigkeit anstrebenden Statistikern besteht, sondern der es wesentlich darauf ankommt, sich schnell und, wenn erforderlich, detailliert informieren zu können.

Von den insgesamt neunzig antwortenden Lehrern waren:
(Nennungen in absoluten Zahlen)

nur Fremdsprachenlehrer	45
nur Deutschlehrer	32
Deutsch- und Fremdsprachenlehrer	13

Die 13 Lehrer mit Deutsch- *und* Fremdsprachenfakultas wurden bei bestimmten Fragen in Auswertung und Darstellung aufgeteilt, so daß sich z. T. eine Gesamtbasis von 103 ergab:

(Nennungen in absoluten Zahlen)

3. Die linguistische Ausbildung der befragten Lehrer

3.1 Der Zeitpunkt des Ersten Staatsexamens

Die folgende Graphik (vgl. Abb. 1) zeigt die unterschiedliche Anzahl der Lehrer mit und ohne Linguistikausbildung relativ zum Zeitpunkt ihres Examens.

Der Zeitpunkt des Examens war bei 90 Deutsch- und Fremdsprachenlehrern annähernd gleich verteilt. Von 4 Lehrern wurden hierzu keine Angaben gemacht.

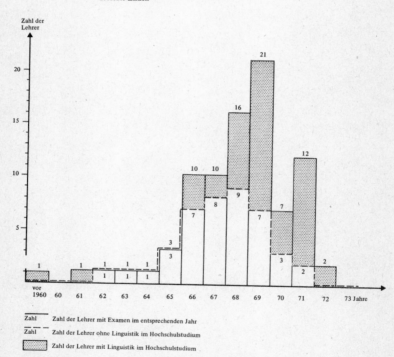

Abb. 1 Zeitpunkt des Ersten Staatsexamens
absolute Zahlen

Insgesamt läßt sich zu den aufgeführten Zahlen nur soviel sagen, daß ab 1968/69 die Zahl der Sprachlehrer (Deutsch, Englisch, Französisch) ohne linguistische Ausbildung abnimmt, eine Tendenz, die auch schon in der Erhebung von *Henrici* 1973 sichtbar wird. Der Grund für diese Entwicklung ist wohl vorwiegend in dem ab dieser Zeit zunehmenden Angebot linguistischer Lehrveranstaltungen an den Universitäten zu sehen.

12

3.2 Der Modus der Aneignung der linguistischen Kenntnisse

Die entsprechende Frage im Fragebogen lautete: *„In welcher Weise haben Sie sich mit der modernen Linguistik beschäftigt?"* (Frage 1)

Folgende Kategorien waren vorgegeben:

(a) Hochschulstudium
(b) Referendariat
(c) Selbststudium
(d) offizielle staatliche Lehrerfortbildung (LFB)
(e) Kontaktstudum

Mehrfachnennungen
(Nennungen in absoluten Zahlen und Prozenten (Basis: 90))

Erwerb linguistischer Kenntnisse:		
an der Hochschule	44	(48,9)
im Referendariat	26	(28,9)
im Selbststudium	57	(63,3)
in der staatlichen LFB (Lehrerfortbildung)	8	(8,9)
im Kontaktstudum	13	(14,4)
keine linguistischen Kenntnisse	6	(6,7)
ohne Angaben	4	(4,4)
insgesamt	158	(175,5)

Tab. 1

Vor dem Hintergrund der vorhergehenden Graphik (Abb. 1) ist die Zahl der Nennungen „keine linguistischen Kenntnisse" erstaunlich gering. Ein Vergleich zwischen normaler/obligatorischer (Hochschule, Referendariat) und Ausbildung auf freiwilliger Basis (Selbststudium, staatliche LFB, Kontaktstudium) ergibt, daß offensichtlich eine abgeschlossene und als unzureichend erachtete normale linguistische Ausbildung durch eine weitestgehend auf Eigeninitiative beruhende Ausbildung kontinuierlich ergänzt/ersetzt werden muß. So begrüßenswert eine Eigeninitiative in Form des Selbststudiums ist, so ist sie allerdings weniger erfolgversprechend, wenn keine gezielte methodologische Vorbereitung im „offiziellen" Studium vorausgegangen ist. Mit anderen Worten: Wer ein Selbststudium sinnvoll betreiben soll, muß vorher gelernt haben, seine Studien eigenständig und seinen Erkenntnisinteressen entsprechend zu strukturieren. Das Erreichen dieses im Grunde selbstverständlichen Ausbildungsziels (Lernen lernen) ist aber im derzeitigen Hochschulstudium noch nicht ausreichend gewährleistet.

Eine Differenzierung nach Sprachen ergibt folgendes Bild:

Deutsch

Mehrfachnennungen
(Nennungen in absoluten Zahlen und Prozent (Basis: 45))

Erwerb linguistischer Kenntnisse:		
an der Hochschule	14	(31,1)
im Referendariat	11	(24,4)
im Selbststudium	37	(82,2)
in der staatlichen LFB (Lehrerfortbildung)	3	(6,7)
im Kontaktstudium	4	(8,9)
keine linguistischen Kenntnisse	3	(6,7)
ohne Angaben	–	–
insgesamt	72	(160,0)

Tab. 2

Fremdsprachen (Englisch/Französisch)

Mehrfachnennungen
(Nennungen in absoluten Zahlen und Prozent (Basis: 58))

Erwerb linguistischer Kenntnisse:		
an der Hochschule	33	(56,9)
im Referendariat	17	(29,3)
im Selbststudium	26	(44,8)
in der staatlichen LFB (Lehrerfortbildung)	6	(10,3)
im Kontaktstudium	10	(17,2)
keine linguistischen Kenntnisse	3	(5,2)
ohne Angaben	4	(6,9)
insgesamt	99	(170,6)

Tab. 3

Die folgende vergleichende Tabelle 4 zeigt deutlich die verschieden starke Gewichtung der linguistischen Ausbildung in Germanistik (Deutsch) und in Anglistik (Englisch)/Romanistik (Französisch).

Erwerb linguistischer Kenntnisse:	insgesamt	Deutsch	Fremd-sprachen
an der Hochschule	48,9	31,1	56,9
im Referendariat	28,9	24,4	29,3
im Selbststudium	63,3	82,2	44,8
in der staatlichen LFB	8,9	6,7	10,3
im Kontaktstudium	14,4	8,9	17,2
keine linguistischen Kenntnisse	6,7	6,7	5,2
ohne Angaben	4,4	–	6,9
insgesamt	175,5	160,0	170,6

Tab. 4

Mehrfachnennungen
(Nennungen in Prozent)

   Insgesamt zeigt sich eine deutliche Unterrepräsentation der linguistischen Ausbildung im Referendariat. Dieses Ergebnis stimmt mit unserer früheren Untersuchung in *Henrici* 1973 überein, die für das Referendariat ein gleiches Defizit zeigte. Unpräzise, pseudowissenschaftliche und didaktisch unzulässig gefilterte Begrifflichkeiten in den Themenlisten der Fachseminare ließen darauf schließen, daß die Fachleiter zwar guten Willens waren, den schlechten linguistischen Ausbildungsstand auszugleichen, den die Referendare von der Hochschule mitbrachten, z. T. sich dieser Aufgabe nicht gewachsen sahen, da ihnen selbst die notwendigen Kenntnisse fehlten. Andererseits sah es eine Reihe von Fachleitern nicht als Aufgabe der Referendarausbildung an, Kenntnisse zu vermitteln bzw. nachzuholen, die eigentlich durch das Hochschulstudium abgedeckt sein sollten.
   Besonders auffällig ist die geringe Zahl der Nennungen für „staatliche LFB" und „Kontaktstudium" und das deutliche Überwiegen des Selbststudiums. Die Lehrer sehen sich aufgrund fehlender/mangelhafter offizieller Weiter- und Fortbildungsmöglichkeiten gezwungen, den notwendigen Wissensstand unter ungünstigen Bedingungen und mit oft unzureichenden Mitteln zu erwerben. Während in beiden Fachrichtungen (Deutsch und Fremdsprachen) die geringe Beteiligung der Referendarausbildung und die noch unbedeutendere Rolle der staatlichen Lehrerfortbildung und des Kontaktstudiums übereinstimmen, zeigen sich auffallende Unterschiede im Bereich des Hochschulstudiums. Während in Germanistik (Deutsch) nur knapp ein Drittel der Befragten eine linguistische Ausbildung erhielt, waren dies im Bereich der Fremdsprachen weitaus mehr als die Hälfte. Dieses Ergebnis läßt sich wahrscheinlich dadurch erklären, daß moderne Linguistik in den Fremdsprachenphilologien

zeitlich früher rezipiert wurde als in der Germanistik. Entsprechend hoch ist der Anteil des Selbststudiums bei den Deutschlehrern. Er zeigt, in welchem Maße der theoretische Rückstand aufgeholt werden mußte, vielleicht mitbedingt durch die Anforderungen der neuen Unterrichtsempfehlungen, in denen linguistische Themen — in welcher anfechtbaren Form auch immer — ver-

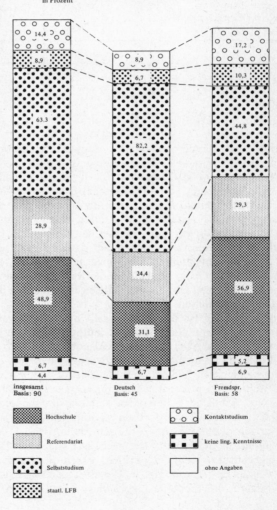

Abb. 2 Modus des Erwerbs linguistischer Kenntnisse in Prozent

stärkt auf die Tagesordnung gesetzt wurden (vgl. dazu: *Meyer-Hermann* 1975). Im Bereich der Fremdsprachen ist der Anteil des Selbststudiums zwar immer noch relativ hoch – er erreicht fast die Hälfte – steht aber hinter dem Hochschulstudium an zweiter Stelle.

Die nebenstehende Graphik (vgl. Abb. 2) soll die eben gemachten Bemerkungen zusammenfassend verdeutlichen.[1]

Die vorhergehenden Tabellen/Graphiken verdeutlichen lediglich den Anteil des jeweiligen Modus der Aneignung. In der folgenden Tabelle soll darüberhinaus gezeigt werden, in welchen Kombinationen linguistische Kenntnisse erworben wurden.

(Nennungen in absoluten Zahlen und Prozent)

Erwerb linguistischer Kenntnisse:[2]	insgesamt	Deutsch	Fremd-sprachen
nur im Selbststudium	26 (28,9)	19 (42,2)	9 (15,5)
nur an der Hochschule	11 (12,2)	2 (4,4)	11 (19,0)
Hochschule + Referendariat + Selbst-studium	10 (11,1)	4 (8,9)	7 (12,0)
Hochschule + Selbststudium	9 (10,0)	5 (11,1)	6 (10,3)
Hochschule + Referendariat	5 (5,6)	–	5 (8,6)
nur im Referendariat	4 (4,4)	3 (6,7)	2 (3,4)
restliche Kombinationen	15 (16,7)	9 (20,0)	11 (19,0)
keine linguistischen Kenntnisse	6 (6,7)	3 (6,7)	3 (5,2)
ohne Angaben	4 (4,4)	–	4 (6,9)
zusammen	90 (100,0)	45 (100,0)	58 (100,0)

Tab. 5

Die in den vorhergehenden Tabellen/Graphiken sichtbaren Ergebnisse werden in der Tab. 5 bestätigt: Ein auffallend geringer Prozentsatz der befragten Lehrer erwarb seine linguistischen Kenntnisse im Rahmen der normalen/offiziellen Ausbildung an der Hochschule und im Referendariat. Das gilt in besonderem Maße für die Deutschlehrer. Die Lehrer sind gezwungen, die defizitäre offizielle Ausbildung durch Eigeninitiativen in Form des Selbststudiums nachzuholen. Dies ist umso notwendiger, als eine gut organisierte staat-

1 Aufgrund der Doppelfakultas einer Reihe von Lehrern (vgl. Abschnitt „Aufbau der Untersuchung") ergibt die Quersumme hier und in folgenden Tabellen von ‚Deutsch' und ‚Fremdsprachen' nicht immer die Zahl der Gesamtnennungen.
2 In der Tab. 5 sind nur die Kombinationen mit den meisten Nennungen aufgenommen. Die restlichen hier nicht aufgeführten Kombinationen wurden jeweils nur 1 – 3mal genannt.

liche Lehrerfortbildung bzw. ein geregeltes Kontaktstudium nicht existieren. Der Anteil der Lehrer, die ihre linguistischen Kenntnisse auf verschiedene Weise/an verschiedenen Institutionen erworben haben, ist relativ gering. Daraus läßt sich möglicherweise folgern: Wenn linguistische Kenntnisse erworben wurden, ist zu vermuten, daß sie lückenhaft/einseitig sind und kaum dem letzten Erkenntnisstand entsprechen, was für einen sinnvollen und effektiven Sprachunterricht verhängnisvolle Auswirkungen haben muß. So wird aufgrund einer einseitigen/veralteten Ausbildung z. B. noch vielfach mit „systemlinguistischen" Ansätzen im Sprachunterricht weitergearbeitet und experimentiert, was vielfach aus funktionslosem Malen von Baumgraphen besteht, obwohl die linguo-didaktische Forschung mittlerweile erkannt zu haben glaubt, daß diese Versuche wenig erbringen bzw. sinnlos sind (vgl. dazu: z. B. *Hoppe* 1974, *Maas* 1974, *Sitta* 1974, *Wunderlich* 1975). In diesem Zusammenhang muß allerdings gleichzeitig gesagt werden, daß die sogenannte linguo-didaktische Forschung bisher eher spekulativ ist und mit Plausibilitätserwägungen arbeitet und sich kaum auf abgesicherte, wissenschaftlichen Ansprüchen genügende Untersuchungen berufen kann (Ansätze hierzu bei *Kochan* 1971). Hierunter fallen aber auch in gleichem Maße die Kritiker der „Systemlinguistik" sowie diejenigen Didaktiker, die sich ausschließlich auf pragmalinguistische Forschungsansätze stützen und diese unproblematisiert in den Unterricht übernehmen.

3.3 Die Inhalte der Ausbildung

Die entsprechende hier zusammenfassend bzw. verkürzt wiedergegebene Frage im Fragebogen lautete:[1]
„Womit haben Sie sich im Laufe ihrer linguistischen Ausbildung hauptsächlich beschäftigt? Nennen Sie:
   (a) Theorien/Modelle/Schulen
   (b) Sprachebenen/Gegenstandsbereiche
   (c) Theoretiker"
(vgl. Frage 1.a.2, 3, 4; 1.b.2, 3, 4; 1.c.2, 3, 4)

Die folgenden Tabellen beziehen sich jeweils auf *alle* befragten Lehrer mit linguistischer Ausbildung (= 80 Lehrer, vgl. Tab. 5). Als Problem ergab sich, eine möglichst stimmige Kategorisierung zu erreichen, ohne den Einzelnennungen der Lehrer zu große Gewalt anzutun. Eine entsprechende Orientierung an Systematisierungsversuchen der einschlägigen fachwissenschaftlichen Literatur (vgl. z. B. *Lexikon der germanistischen Linguistik 1974, Handbuch*

---

1 Die Teilfrage „bei welchen Hochschullehrern?" bleibt in der folgenden Darstellung unberücksichtigt, da das Ergebnis äußerst heterogen ist und keine interessanten Informationen hergibt.

der Linguistik 1975) erwies sich als äußerst unbefriedigend. Unsere schließliche Entscheidung für die aufgeführten Kategorien enthält manche Überschneidungen, gibt aber nach unserer Meinung das sehr breite Antwortspektrum der befragten Lehrer relativ authentisch wieder.

Mehrfachnennungen
(Nennungen in absoluten Zahlen und Prozent)

Theorien/Modelle/Schulen:	Hochschule	Referendariat	Selbststudium
Generative Transformationsgrammatik . .	19 (23,8)	16 (12,5)	24 (30,0)
Europäischer Strukturalismus	19 (23,8)	7 (8,8)	25 (31,3)
Amerikanischer Strukturalismus	15 (18,8)	7 (8,8)	12 (15,0)
Valenz-/Dependenzgrammatik	8 (10,0)	3 (3,8)	7 (8,8)
Operationaler Strukturalismus (Glinz) . . .	3 (3,8)	7 (8,8)	6 (7,5)
Inhaltbezogene Sprachwissenschaft	10 (12,5)	4 (5,0)	8 (10,0)
Strukturale Textlinguistik (systemorientiert)	4 (5,0)	1 (1,3)	9 (11,3)
Pragmalinguistik/Sprechakttheorie/Texttheorie	–	–	5 (6,3)
Soziolinguistik	4 (5,0)	5 (6,3)	19 (23,8)
Psycholinguistik	–	–	1 (1,3)
Informationstheorie	–	2 (2,5)	1 (1,3)
Kommunikationstheorie	–	1 (1,3)	7 (8,8)
Rhetorik	–	–	2 (2,5)
Allgemeiner Überblick (unspezifiziert) . .	11 (13,8)	4 (5,0)	8 (10,0)
insgesamt	93 (116,5)	51 (64,1)	134 (167,9)

Tab. 6

Als eindeutiges Ergebnis läßt sich festhalten, daß bei der erfaßten Stichprobe die sogenannte „systemlinguistische" Ausbildung im Vordergrund gestanden hat. Dies trifft für alle drei aufgeführten Ausbildungsebenen zu. Zumindest für die linguistische Ausbildung an der Hochschule ist dies erklärlich, da der Zeitpunkt des Ersten Staatsexamens der meisten befragten Lehrer in die Hochkonjunktur der Systemlinguistik an den Hochschulen fällt (vgl. Abb. 1). Der hohe Anteil der Systemlinguistik im Selbststudium ist durch den hohen Nachholbedarf der bereits erwähnten defizitären offiziellen Ausbildung an der Hochschule und im Referendariat zu erklären. Nur für die Bereiche „Soziolinguistik" und mit Einschränkungen für „Pragmalinguistik/Texttheorie/Sprechakttheorie" und „Kommunikationstheorie" zeigen sich im Selbststudium signifikante Abweichungen. Hier werden die an den praktischen Problemen der Schulpraxis orientierten Bedürfnisse deutlich. Diese Beobachtungen finden in der folgenden Tab. 7 („Sprachebenen/Gegenstandsbereiche") ihre Bestätigung.

Mehrfachnennungen
(Nennungen in absoluten Zahlen und Prozenten (Basis: 80))

Sprachebenen/Gegenstandsbereiche:	Hochschule	Referen-dariat	Selbst-studium
Phonetik/Phonologie	20 (25,0)	5 (6,3)	5 (6,3)
Morphologie	9 (11,3)	1 (1,3)	9 (11,3)
Syntax	25 (31,3)	11 (13,8)	34 (42,5)
Semantik	15 (18,8)	2 (2,5)	13 (16,3)
Pragmatik	−	−	3 (3,8)
Spracherwerb/Kindersprache	−	−	2 (2,5)
Sprache im sozialen Kontext	5 (6,3)	6 (7,5)	27 (33,8)
Sprache und Kommunikation	−	−	16 (20,0)
Sprachvergleich	2 (2,5)	1 (1,3)	−
Linguistik und Sprachdidaktik	1 (1,3)	2 (2,5)	21 (26,3)
Dialekte	2 (2,5)	−	1 (1,3)
Sprache − Denken − Realität	1 (1,3)	1 (1,3)	4 (5,0)
Linguistik und Literatur	−	−	1 (1,3)
Textbehandlung	4 (5,0)	−	−
Stilistik	1 (1,3)	1 (1,3)	3 (3,8)
insgesamt	85 (106,6)	30 (37,8)	139 (174,2)

Tab. 7

Während im Hochschulstudium und im Referendariat das Schwergewicht auf sprachimmanenten Gegenstandsbereichen liegt, ist auch hier im Selbststudium eine starke Hinwendung zu praxisorientierten Problemen zu sehen, wo Sprache nicht isoliert, sondern „in Funktion" (vgl. S. J. *Schmidt* 1973), d. h. vor allem im sozialen Kontext behandelt wird. Der hohe Anteil von „Syntax" im Selbststudium läßt sich wohl auch mit dem schon erwähnten Nachholbedarf erklären. Erschreckend gering ist der niedrige Anteil für den Bereich „Linguistik und Sprachdidaktik" im Hochschulstudium und besonders im Referendariat, dem eigentlichen Ort für die Diskussion von Theorie-Praxis- und Anwendungsproblemen. Gleiches gilt für Themenbereiche wie „Linguistik und Literatur" und „Textbehandlung". Diese Zahlen sind ein eindeutiger Beleg für die Notwendigkeit einer Reorganisation der Ausbildung im Sinne einer theorie-praxisorienterten Lehrerausbildung (vgl. *Henrici* 1974, 1975, 1976).

Eine Differenzierung nach Fachbereichen (Deutsch und Fremdsprachen) ergibt folgendes Bild:

Deutsch
Mehrfachnennungen
(Nennungen in absoluten Zahlen und Prozent (Basis: 42))

Theorien/Modelle/Schulen:

	Hochschule	Referen-dariat	Selbst-studium
Generative Transformationsgrammatik . .	5 (11,9)	4 (9,5)	8 (19,0)
Europäischer Strukturalismus	4 (9,5)	2 (4,8)	14 (33,3)
Amerikanischer Strukturalismus	3 (7,1)	2 (4,8)	8 (19,0)
Valenz-/Dependenzgrammatik	2 (4,8)	2 (4,8)	3 (7,1)
Operationaler Strukturalismus (Glinz) . . .	3 (7,1)	4 (9,5)	5 (11,9)
Inhaltbezogene Sprachwissenschaft	3 (7,1)	2 (4,8)	5 (11,9)
Strukturale Textlinguistik (systemorientiert)	–	–	5 (11,9)
Pragmalinguistik/Sprechakttheorie/Text-theorie	–	–	2 (4,8)
Soziolinguistik	2 (4,8)	3 (7,1)	13 (31,0)
Psycholinguistik	–	–	1 (2,4)
Informationstheorie	–	1 (2,4)	1 (2,4)
Kommunikationstheorie	–	1 (2,4)	6 (14,3)
Rhetorik	–	–	–
Allgemeiner Überblick (unspezifiziert) . .	1 (2,4)	2 (4,8)	6 (14,3)
insgesamt	23 (54,7)	23 (54,9)	77 (183,3)

Tab. 8

Sprachebenen/Gegenstandsbereiche:

	Hochschule	Referen-dariat	Selbst-studium
Phonetik/Phonologie	3 (7,1)	–	2 (4,8)
Morphologie	1 (2,4)	–	2 (4,8)
Syntax	6 (14,3)	4 (9,5)	14 (33,3)
Semantik	2 (4,8)	–	4 (9,5)
Pragmatik	–	–	–
Spracherwerb/Kindersprache	–	–	1 (2,4)
Sprache im sozialen Kontext	2 (4,8)	3 (7,1)	19 (45,2)
Sprache und Kommunikation	–	–	14 (33,3)
Sprachvergleich	–	–	–
Linguistik und Sprachdidaktik	–	–	10 (23,8)
Dialekte	–	–	1 (2,4)
Sprache – Denken – Realität	–	1 (2,4)	2 (4,8)
Linguistik und Literatur	–	–	1 (2,4)
Textbehandlung	2 (4,8)	–	–
Stilistik	1 (2,4)	–	1 (2,4)
insgesamt	17 (40,6)	8 (19,0)	71 (169,1)

Tab. 9

Fremdsprachen

Mehrfachnennungen
(Nennungen in absoluten Zahlen und Prozent (Basis: 51))

Theorien/Modelle/Schulen:	Hochschule	Referendariat	Selbststudium
Generative Transformationsgrammatik . .	14 (27,5)	6 (11,8)	16 (31,4)
Europäischer Strukturalismus	15 (29,4)	5 (9,8)	11 (21,6)
Amerikanischer Strukturalismus	12 (23,5)	5 (9,8)	4 (7,8)
Valenz-/Dependenzgrammatik	6 (11,8)	1 (2,0)	4 (7,8)
Operationaler Strukturalismus (Glinz) . . .	–	3 (5,9)	1 (2,0)
Inhaltbezogene Sprachwissenschaft	7 (13,7)	2 (3,9)	3 (5,9)
Strukturale Textlinguistik (systemorientiert)	4 (7,8)	1 (2,0)	4 (7,8)
Pragmalinguistik/Sprechakttheorie/ Texttheorie	–	–	3 (5,9)
Soziolinguistik	2 (3,9)	2 (3,9)	6 (11,8)
Psycholinguistik	–	–	–
Informationstheorie	–	1 (2,0)	–
Kommunikationstheorie	–	–	1 (2,0)
Rhetorik	–	–	2 (3,9)
Allgemeiner Überblick (unspezifiziert) . .	10 (19,6)	2 (3,9)	2 (3,9)
insgesamt	70 (137,2)	28 (55,0)	57 (111,8)

Tab. 10

Die für die Gesamtheit gegebenen Erläuterungen treffen im wesentlichen auch für die differenzierte Darstellung nach Fächern zu.

Im Bereich „Theorien/Modelle/Schulen" ist der systemlinguistische Nachholbedarf im Selbststudium bei den Fremdsprachen nicht so hoch wie im Fach Deutsch. Das geringe Interesse im Selbststudium für „Soziolinguistik" bei den Fremdsprachen läßt sich sicher damit erklären, daß aufgrund der geringen fremdsprachlichen Kompetenz Fragestellungen aus diesem Bereich im Gegensatz zum Deutschen kaum explizit behandelt werden können. Dies wird durch das ebenso geringe Interesse für „Sprache im sozialen Kontext" und „Sprache und Kommunikation" in der Tab. 11 „Sprachebenen/Gegenstandsbereiche" bestätigt. Besonders deprimierend ist das nicht vorhandene Interesse für die äußerst wichtigen Fragen des Spracherwerbs (Psycholinguistik) im Fremdsprachenunterricht.

Die für „Linguistik und Sprachdidaktik" gemachten allgemeinen Bemerkungen treffen in gleicher Weise für die Deutsch- und Fremdsprachenlehrer-

Sprachebenen/Gegenstandsbereiche:	Hochschule	Referen-dariat	Selbst-studium
Phonetik/Phonologie	17 (33,3)	5 (9,8)	3 (5,9)
Morphologie	8 (15,7)	1 (2,0)	7 (13,7)
Syntax	19 (37,2)	7 (13,7)	20 (39,2)
Semantik	13 (25,5)	2 (3,9)	9 (17,6)
Pragmatik	–	–	3 (5,9)
Spracherwerb/Kindersprache	–	–	1 (2,0)
Sprache im sozialen Kontext	3 (5,9)	3 (5,9)	8 (15,7)
Sprache und Kommunikation	–	–	2 (3,9)
Sprachvergleich	2 (3,9)	1 (2,0)	–
Linguistik und Sprachdidaktik	1 (2,0)	2 (3,9)	11 (21,6)
Dialekte	2 (3,9)	–	–
Sprache – Denken – Realität	1 (2,0)	–	2 (3,9)
Linguistik und Literatur	–	–	–
Textbehandlung	2 (3,9)	–	–
Stilistik	–	1 (2,0)	2 (3,9)
insgesamt	68 (133,3)	22 (43,2)	68 (133,3)

Tab. 11

ausbildung zu. Sowohl Deutsch- wie Fremdsprachenlehrer sind aufgrund einer mangelhaften, theorielastigen Ausbildung in der Hochschule und einer theorieblinden, auf Praxistraining ausgerichteten Referendarausbildung gezwungen, wichtige für ihren Beruf notwendige Fragestellungen und Probleme im Selbststudium aufzuarbeiten. Die entsprechenden Hilfen in Form einer organisierten Lehrerfort- und -weiterbildung fehlen.

Als Ergänzung und Kontrolle/Korrektur zu den Tab. 6 – 11 soll die folgende Tab. 12 einen *Überblick über die an der Hochschule, im Referendariat und im Selbststudium schwerpunktmäßig behandelten Theoretiker* geben.

Die Listen wurden – mehr oder weniger willkürlich – von insgesamt 57 auf die 15 am häufigsten genannten „Theoretiker" begrenzt. Die restlichen genannten Theoretiker sind im Anhang aufgeführt. Die erste Zahl hinter dem Namen bezieht sich jeweils auf die Zahl der Nennungen insgesamt. D bedeutet Deutschlehrer, F bedeutet Fremdsprachenlehrer. Die jeweilige Rangfolge ist durch die Nennungen unter „insg." festgelegt.

(Nennungen in absoluten Zahlen)

Hochschule	insg.	D	F	Referendariat	insg.	D	F	Selbststudium	insg.	D	F
Chomsky ..	13	5	8	Chomsky ...	8	4	4	Chomsky .	16	7	10
Bloomfield .	13	3	10	Glinz	7	5	2	Bernstein .	13	10	4
Saussure ...	11	4	7	Bernstein ...	5	3	2	Saussure ..	10	7	4
Tesnière ...	6	1	5	Oevermann ..	5	3	2	Martinet ..	8	2	6
Martinet ...	5	2	3	Bloomfield ..	3	1	2	Weinrich ..	8	5	4
Weisgerber..	4	2	2	Saussure	2	−	2	Glinz ...	8	6	2
Trubetzkoy .	4	1	3	Martinet	2	2	−	Humboldt .	6	5	1
Glinz	3	3	−	Whorf	1	1	−	Oevermann	6	4	3
Ullmann ...	3	−	3	Heringer	1	1	−	Whorf ...	5	2	3
Hjelmslev ..	3	2	1	Sapir	1	1	−	Heringer ..	4	2	2
Jakobson ..	2	−	2	Tesnière	1	1	−	K. Bühler .	5	4	2
Harris ...	2	1	1	Weisgeber ...	1	1	−	Dubois ...	4	−	4
Bernstein ..	1	−	1	Fries	1	−	1	Tesnière ..	4	2	2
Humboldt ..	1	1	−	Lyons	1	−	1	Sapir	3	−	3
Whorf	1	−	1	Bierwisch ...	1	1	−	Wunderlich	3	2	2

Tab. 12

Bei einer ersten Gesamtschau fällt besonders auf, daß ein Theoretiker wie Chomsky (bzw. die GTG) auf allen drei Ausbildungsebenen eine dominierende Stellung einnimmt, obwohl seine Arbeiten aus der Perspektive unterrichtspraktischer Bedürfnisse wenig/gar nichts erbringen, für sie im übrigen auch gar nicht bestimmt sind. Diese dominante Rolle Chomskys läßt sich auf eine unkontrollierte Rezeption linguistischer Forschungsergebnisse während der Hochkonjunktur der Linguistik und entsprechende daran geknüpfte Hoffnungen zurückführen, ohne daß zu gleicher Zeit die notwendige kritische Kanalisierung im Hinblick auf eine praxisorientierte Lehrerausbildung stattgefunden hat. Diese blinde Rezeption und der bedenkenlose Einsatz in der Lehrerausbildung läßt sich wohl nur durch einen in der BRD deutlich vorhandenen linguistischen Nachholbedarf und eine darauf geschickt reagierende Buchlobby erklären. Immerhin wird durch die Aufstellung sichtbar, daß sich bei zunehmender Praxisnäherung der Ausbildung — und hier besonders im Selbststudium — eine deutliche Verschiebung auf den folgenden Rängen ergibt zugunsten von Theoretikern, die die schulische Praxis interessierende Probleme thematisieren. Dies wird z. B. an der Rangverschiebung von Bernstein (bzw. der Soziolinguistik) sichtbar. Zu einem ähnlichen Ergebnis sind wir weiter oben bei der Analyse der „Sprachebenen/Gegenstandsbereiche" gekommen. Je stärker der linguistische Kompetenzerwerb der Lehrer an den schulpraktischen Bedürfnissen orientiert ist (vgl. Selbststudium), desto mehr richtet sich das Interesse auf Gegenstandsbereiche wie „Sprache im sozialen Kontext", „Sprache und Kommunikation" oder auch „Linguistik und Sprachdidaktik", die in dieser Tabelle durch Theoretiker wie z. B. Bernstein, Oevermann und

Glinz vertreten werden. Daß Namen wie Saussure oder Martinet im Selbststudium noch mit hohen Nennungen vertreten sind, liegt wohl an dem bereits erwähnten Nachholbedarf, der sich zunächst an den sogenannten „Klassikern" orientiert. Auch in dieser Tabelle wird das schon weiter oben konstatierte Fehlen einer linguistischen Ausbildung im Referendariat bestätigt. Für diesen Ausbildungsabschnitt haben wir die wenigsten Nennungen.

Bei einem Vergleich zwischen Deutsch und Fremdsprachen zeigt sich auch hier wieder, daß die sogenannten „Systemlinguisten" (bzw. die traditionellen Gegenstandsbereiche der Systemlinguistik) in der Fremdsprachenlehrerausbildung insgesamt und auch in deren stärker praxisorientierten Teilen einen höheren Kurswert haben. Dies ist sicher auch durch die übertriebenen Hoffnungen bedingt, die in die sogenannten Strukturübungen und einen damit verbundenen effizienteren Sprachkompetenzerwerb gesetzt wurden.

Erstaunlich und erfreulich zugleich ist, daß die Rezeption bestimmter Theoretiker nicht auf Fachgrenzen beschränkt ist (vgl. z. B. Glinz- oder Wunderlichrezeption bei den Fremdsprachlern bzw. Martinet- oder Weinrichrezeption bei den Deutschlehrern).

3.4 Der Erwerb linguistischer Kenntnisse

3.4.1 im Rahmen der staatlichen Lehrerfortbildung

Auf die entsprechende Frage im Fragebogen, *„Bei welchen Institutionen erwarben Sie linguistische Kenntnisse"* (Frage 1.a.1), nannten die 8 in Frage kommenden Lehrer (vgl. Tab. 1):

Mehrfachnennungen
(Nennungen in absoluten Zahlen)

Landesinstitut für schulpädagogische Bildung	5
Sprachlabortagungen	2
Institut für Lehrerfortbildung Essen	1
FMF-Tagung	1
Curriculum Kommission Sekundarstufe II (Gymnasium)	1
Koordinierungsstelle Sekundarstufe II – ÜGF:	
Fremdsprachen Kollegstufe	1
Ferienkurse im Ausland	2

Tab. 13

Von den 8 Lehrern waren:

1 Lehrer auf	....	5 Tagungen
1 Lehrer auf	....	3 Tagungen
2 Lehrer auf	....	2 Tagungen
4 Lehrer auf	....	1 Tagung

Tab. 14

In den Tab. 13 und 14 wird der schon weiter oben angedeutete desolate Zustand der staatlichen Lehrerfortbildung sehr deutlich erkennbar. Die geringe Zahl der Nennungen für diese Ausbildungsebene ist sehr kennzeichnend, andererseits läßt sie einigermaßen zuverlässige Aussagen nicht zu. Hier wie an anderen Stellen unserer Untersuchung müssen wir uns deshalb auf die Andeutung von Tendenzen zuungunsten einer exhaustiven systematischen Darstellung beschränken.

3.4.2 *im Rahmen von Kontaktstudien*

Ein ähnlich deprimierendes Bild wie für die staatliche Lehrerfortbildung ergibt sich auf die entsprechende Frage für das Kontaktstudium.
Von den 13 betreffenden Lehrern (vgl. Tab. 1) antworteten:

(Nennungen in absoluten Zahlen)

Projektgruppe Fernstudium Bielefeld 1971	 5
Projektgruppe Fernstudium Bielefeld 1972	 3
Quadriga-Funkkolleg Sprache	2
Zusätzliches Studium an deutschen Universitäten	 2
Zusätzliches Studium an ausländischen Universitäten	 1

Tab. 15

Die Gründe für den geringen Stellenwert von Lehrerfortbildung und Kontaktstudien sind bekannt: Es gibt keine systematische organisierte Lehrerfortbildung und keine entsprechenden Kontaktstudien. Von Freiwilligkeit bei vollständiger Beibehaltung aller sonstiger Belastungen kann auf Dauer keine allgemeine und entscheidende Verbesserung des Informationsstandes des Lehrers und damit verbunden eine Verbesserung der Qualität des Unterrichts erwartet werden, obwohl sie aufgrund des bestehenden Theorierückstandes der Praxis dringend notwendig wäre.

3.4.3 durch das Studium von Fachliteratur

Die entsprechende Frage im Fragebogen lautete: *„Mit Hilfe welcher Fachliteratur und welcher wichtiger Zeitschriftenartikel erwarben Sie im Referendariat und im Selbststudium linguistische Kenntnisse?"* (Frage 1.b.6 und 1.c.6) Die Liste der im Referendariat und im Selbststudium benutzten linguistischen Fachliteratur enthält insgesamt 82 verschiedene Titel, von denen wir hier nur die häufigsten Nennungen berücksichtigen. Die vollständige nach Fachgebieten aufgegliederte Liste haben wir im Anhang aufgeführt. Die Anzahl der vielen verschiedenen Nennungen ist ein weiterer Beweis dafür, wie heterogen und weitläufig verstreut sich die linguistische Ausbildung darbietet.

Die am meisten genannten Titel sind:

(Nennungen in absoluten Zahlen)

Quadriga-Funkkolleg Sprache	8
Behr, K. et al., Grundkurs für Deutschlehrer: Sprachliche Kommunikation. Weinheim: Belz	5
Chomsky, N., Aspekte der Syntaxtheorie. Frankfurt: Suhrkamp	5
Glinz, H., Linguistische Grundbegriffe. Bad Homburg: Athenäum	5
Lepschy, G., Die strukturale Sprachwissenschaft. München: Nymphenburger	4
Kallmeyer, W. et al., Lektürekolleg zur Textlinguistik. Frankfurt: Athenäum	4
Lyons, J., Introduction to theoretical linguistics. Cambridge: University Press	3

Tab. 16

Auch aus dieser Aufstellung wird z. T. deutlich, wie sich der linguistische Nachholbedarf vorwiegend auf klassische, systemlinguistisch orientierte Überblickswerke konzentriert, also vorwiegend auf die Rezeption der ersten Phase der Linguistisierungswelle. Das sehr uneinheitliche Bild der Nennungen deutet auf einen Buchmarkt, der ohne jede Prioritätensetzung und Orientierung für bestimmte Abnehmergruppen wie die Lehrer blind auf den Markt wirft, was nur das Wort ‚Linguistik' im Titel führt. Der Lehrer konsumiert ohne ausreichende Selektionsmöglichkeiten, die er aufgrund seiner unzureichenden Ausbildung auch nicht besitzen kann. Entsprechend uneinheitlich müssen seine Vorstellungen und Einschätzungen sein.

Erstaunlich an der Aufstellung ist, daß unter den mehrfach genannten Werken solche zu vermissen sind, die sich stärker mit Anwendungproblemen der Linguistik beschäftigen (vgl. dazu die vollständige Liste im Anhang), z. B. Thomas, O.: Transformationelle Grammatik und Englischunterricht. München 1968; Hüllen, W.: Linguistik und Englischunterricht. Didaktische Analysen. Heidelberg 1971; Menzel, W.: Die deutsche Schulgrammatik. Kritik und Ansätze zur Neukonzeption. Paderborn 1972; Bünting, K. D./Kochan, D. C.: Linguistik und Deutschunterricht. Kronberg/Ts. 1973.

3.5 Zur Einschätzung der linguistischen Ausbildung

3.5.1 *aus der Perspektive der Berufspraxis*

Auf die entsprechende Frage *„Welche Teile Ihrer sprachwissenschaftlichen Ausbildung halten Sie aus der Perspektive Ihrer Berufspraxis für überflüssig?"* (Frage 2) antworteten:

Mehrfachnennungen
(Nennungen in absoluten Zahlen)

	insges.	D	F
Nichts	25	9	17
Historische Sprachwissenschaft (ältere Sprachstufen)	18	12	11
Strukturalismus	2	–	2
GTG	6	2	5
Inhaltbezogene Sprachwissenschaft	1	1	–
k. A.	38	21	23
zusammen	90	45	58

Tab. 17

Wer mit „Nichts" geantwortet hat, sagt damit natürlich auch aus, daß er die linguistischen Theorien/Modelle/Schulen, die er tatsächlich studiert hat, nicht für überflüssig hält. Diese Angaben haben wir nun in den folgenden Tabellen 17a, b und c nach den in Tab. 17 angeführten linguistischen Richtungen aufgeschlüsselt, der Zahl der Lehrer gegenübergestellt, die diese Theorien bzw. Richtungen explizit für überflüssig hielten, und dann in Relation gesetzt zu der Gesamtzahl der Lehrer, die diese Theorien überhaupt studiert hatten.

Deutsch und Fremdsprachen

(Nennungen in absoluten Zahlen)

	nicht überflüssig	über- flüssig	k. A.	überhaupt studiert
Historische Sprachwissenschaft (ältere Sprachstufen)	4	18	68	90
Strukturalismus	24	2	31	57
GTG	23	6	16	45
Inhaltbezogene Sprachwissenschaft.	9	1	3	13

Tab. 17 a

	nicht überflüssig	über- flüssig	k. A.	überhaupt studiert
Historische Sprachwissenschaft (ältere Sprachstufen)	2	12	31	45
Strukturalismus	8	–	15	23
GTG	9	2	5	16
Inhaltbezogene Sprachwissenschaft.	6	1	2	9

Tab. 17 b

	nicht überflüssig	über- flüssig	k. A.	überhaupt studiert
Historische Sprachwissenschaft (ältere Sprachstufen)	3	11	44	58
Strukturalismus	16	2	20	38
GTG	16	5	11	32
Inhaltbezogene Sprachwissenschaft.	5	–	–	5

Tab. 17 c

Die hohe Zahl der ablehnenden Nennungen von „Historische Sprachwissenschaft (ältere Sprachstufen)" entspricht den Ergebnissen der Schülerbefragung in *Henrici* 1973. Abgesehen von diesem Ergebnis, das mit der Frage gar nicht intendiert war, weil der Fragebogen sich nur auf die Erfassung der „modernen Linguistik" bezog, erstaunt die relativ hohe positive Beurteilung der systemlinguistischen Ausbildungsteile sowohl in der eigensprachlichen als auch in der fremdsprachlichen Ausbildung, wenn man dieses Ergebnis mit den späteren Lehrer- und Schülereinschätzungen (Kap. 4.5 und 4.6) vergleicht. Hieraus wird ersichtlich, daß die Lehrer einen deutlichen Unterschied zwischen einer notwendigen umfassenden linguistischen Basisausbildung (auch wenn deren Applikationsmöglichkeiten nicht immer klar sind) und einem in der Praxis direkt verwendbaren Wissen machen. Dieses Ergebnis entspricht auch den hohen Nennungen von „Systemlinguistik" im Selbststudium (vgl. Tab. 6).

3.5.2 *aus der Perspektive der neuen Unterrichtsempfehlungen*

Auf die entsprechende Frage *„Halten Sie Ihre sprachwissenschaftliche Ausbildung – gemessen an den Erfordernissen der neueren Richtlinienentwürfe – für ausreichend?"* (Frage 3), antworteten von 90 Lehrern:

(Nennungen in absoluten Zahlen und Prozent)

nein	71	(78,9)
ja	8	(8,9)
unentschieden	2	(2,2)
ohne Angaben	9	(10,0)
insgesamt	90	(100,0)

Tab. 18

Aus diesen Zahlen (nein: 78,9 %) wird deutlich, daß die neueren Unterrichtsempfehlungen an der fachlichen Vorbildung der meisten Lehrer vorbei bzw. ohne ihre Mitwirkung von einer ambitionierten Elite produziert worden sind, ohne daß zugleich adäquate Möglichkeiten für eine fachliche Defizitbeseitigung etwa in Form einer systematischen Lehrerfortbildung oder entsprechender Kontaktstudien geschaffen worden wären.

3.5.3 *Vorschläge zur Defizitbeseitigung*

Die betreffende Frage lautete: „*Wie lassen sich mögliche Defizite Ihrer Meinung nach am besten ausgleichen?*" (Frage 4)

Von den 90 Lehrern machten 16 Lehrer keine Angaben. Von den 74 antwortenden Lehrern gaben an:

Mehrfachnennungen
(Angaben in absoluten Zahlen und Prozent (Basis: 74))

Defizitbeseitigung durch:		
Lehrerfortbildung	46	(62,2)
Kontaktstudium	37	(50,1)
Selbststudium	34	(46,1)
angemessenere Lehrerausbildung	14	(18,9)
bessere Unterrichtsentwürfe	7	(9,5)
durch Erfahrungsaustausch mit Kollegen	1	(1,4)
insgesamt	139	(188,3)

Tab. 19

Diese mehr oder weniger allgemeinen Antworten, bei denen der Wunsch nach einer organisierten Lehrerfortbildung und einem entsprechenden Kontaktstudium erneut sehr deutlich wird — die Angaben beim Selbststudium sind wohl deshalb so hoch, weil man mit der Realisierung dieser Forderung kaum rechnet — werden in den folgenden Tabellen durch konkrete Vorschläge präzisiert:

(Nennungen in absoluten Zahlen und Prozenten)

(1) *durch Lehrerfortbildung:*		
unspezifiziert	25	(33,8)
Tagungen (1 – 2 Tage)	5	(6,8)
Seminare/Kurse über längeren Zeitraum	13	(17,6)
inhaltlich spezifiziert: zunächst Seminare zur Theorieerarbeitung, anschließend Seminare mit praktischer Anwendung	3	(4,1)
insgesamt	46	(62,3)

Tab. 20

(2) *durch Kontaktstudium:*

unspezifiziert	21	(28,4)
mit Freistellung	9	(12,2)
während der Ferien	2	(2,7)
Fernstudium	5	(6,8)
insgesamt	37	(50,1)

Tab. 21

(3) *durch Selbststudium:*

unspezifiziert	19	(25,7)
anhand von verständlicher Einführungsliteratur	6	(8,1)
anhand von ausführlicheren Handbüchern zu den Sprach-lehrwerken	3	(4,1)
anhand ausführlicherer Kommentare zu den Curricula	2	(2,7)
mit Hilfe kritischer Bibliographien zur fachwissenschaftlichen und didaktischen Literatur	2	(2,7)
bessere Einarbeitung linguistischer Ergebnisse in Sprach-lehrwerke	1	(1,4)
anhand von Fachzeitschriften	1	(1,4)
insgesamt	34	(46,1)

Tab. 22

(4) *durch angemessenere Lehrerausbildung:*

grundsätzliche Änderung der Ausbildung	2	(2,7)
praxisorientierteres Hochschulstudium	8	(10,8)
stärkere Einbeziehung praxisbezogenerer Linguistik in die Referendarausbildung	4	(5,4)
insgesamt	14	(18,9)

Tab. 23

An dieser Stelle sei noch einmal deutlich formuliert: Die Wünsche nach Defizitbeseitigung vorwiegend durch Lehrerfortbildung und Kontaktstudien sprechen eine deutliche Sprache. In dieser Beziehung ist die Situation nicht nur bezüglich der Linguistik katastrophal. Solange auf diesem Gebiet weiterhin nichts geschieht bzw. mit institutionalisierten Verlegenheitslösungen gearbeitet wird, ist jede Aussage zur Reform/Verbesserung des (Sprach)-unterrichts ein leeres Versprechen. Bei Beibehaltung des zweiphasigen Ausbildungssystems kann auf Lehrerfortbildung bzw. Kontaktstudien auf gar keinen Fall verzichtet werden, es sei denn, man erklärte sich damit einverstanden, den Unterricht von Lehrern geben zu lassen, die von neueren wissenschaftlichen Erkenntnissen (Methoden und Inhalten) wenig wissen und auf mehr oder weniger zufällige, dazu unvollständige Informationen angewiesen sind. Die in den neueren Unterrichtsempfehlungen für die Sekundarstufe II geforderte wissenschaftspropädeutische Ausrichtung des Unterrichts bleibt eine bloße Absichtserklärung ohne konkrete Folgen.

Die hohe Nennung unter „Selbststudium" (25,7 %) ist wohl, wie schon kurz erwähnt, damit zu erklären, daß den Lehrern aufgrund des desolaten Zustandes einer systematischen Fortbildung und der noch geringeren Hoffnung auf dessen institutionalisierte Beseitigung nichts anderes übrigbleibt als zur Selbsthilfe zu greifen, um nicht dem genannten verhängnisvollen Rückstand zu erliegen. Die in den Antworten gegebenen Anregungen — sei die Basis noch so gering — sollten möglichst schnell aufgenommen und in konkrete Planungen umgesetzt werden.

4. Zur Behandlung linguistischer Themen im Unterricht

4.1 Häufigkeit und Verteilung linguistischer Themen

Die einleitende Frage zu diesem Themenkomplex lautete: *„Haben Sie linguistische (Teil-) Theorien in Ihrem Unterricht angewandt/vermittelt?"* (Frage 5) Von den insgesamt 90 befragten Lehrern antworteten:

(Nennungen in absoluten Zahlen und Prozent)

Behandlung linguistischer Themen	53	(58,9)
Keine Behandlung linguistischer Themen	37	(41,1)
insgesamt	90	(100,0)

Tab. 24

Das Bild verändert sich stark, wenn man nach Fächern unterscheidet. Von den 45 *Deutschlehrern* antworteten:

(Nennungen in absoluten Zahlen und Prozent)

Behandlung linguistischer Themen	35	(77,8)
Keine Behandlung linguistischer Themen	10	(22,2)
insgesamt	45	(100,0)

Tab. 25

Von den 58 *Fremdsprachenlehrern* antworteten:

(Nennungen in absoluten Zahlen und Prozent)

Behandlung linguistischer Themen	19	(32,8)
Keine Behandlung linguistischer Themen	39	(67,2)
insgesamt	58	(100,0)

Tab. 26

Während also mehr als 3/4 der Deutschlehrer Themen aus dem Bereich der Linguistik behandelten, belief sich der Anteil ihrer Kollegen in den Fremdsprachenfächern auf knapp 1/3. Die Gründe hierfür liegen auf der Hand: der geringere Grad fremdsprachlicher Kompetenz der Schüler, geringere Stundenzahl, größere Betonung der Aneignung sprachlichen Könnens usw. Wir gehen an dieser Stelle nicht weiter darauf ein, da entsprechende Begründungen an späterer Stelle explizit erfaßt werden.

Die folgenden Tabellen stellen dar, *welche linguistischen Themen mit welcher Frequenz behandelt wurden* (Frage 7).

Bei der Darstellung ergab sich das schon erwähnte Problem einer möglichst eindeutigen und stimmigen Kategorisierung. Wegen der größeren Übersichtlichkeit und Lesbarkeit der Tabellen geben wir im folgenden nur ,,Großkategorien" (= Zusammenfassung mehrerer Einzelkategorien) und ,,schwer zusammenfaßbare Einzelkategorien" mit relativ hohen Nennungen wieder. Im Anhang sind alle zu Großkategorien zusammengefaßten Einzelkategorien und die ,,Restkategorien" mit relativ wenigen Nennungen aufgeführt. Auf diese Weise glauben wir den z. T. sehr disparaten Formulierungen der Lehrer am ehesten gerecht zu werden.

Die folgende Tabelle gibt an, *wie oft das jeweilige Thema behandelt wurde.*

(Nennungen in absoluten Zahlen)

	insg.	D	F
,,Großkategorien":			
Systemlinguistik, satzbezogen (ohne Semantik)	106	73	33
Systemlinguistik, textbezogen (strukturale Textlinguistik)	33	22	11
Semantik (einschließlich Textsemantik)	41	14	27
Sprache und Kommunikation	56	47	9
Sprache im sozialen Kontext	90	82	8
Linguistik und Nachbardisziplinen	18	15	3
,,schwer zusammenfaßbare Einzelkategorien":			
Einführung in die Linguistik	10	7	3
Sprache – Denken – Realität	17	15	2
Inhaltbezogene Sprachwissenschaft	11	11	–
Restkategorien"	7	1	6
zusammen	389	287	102

Tab. 27

Die folgende Tabelle gibt im Unterschied zu Tab. 27 die *Zahl der Lehrer* an, die das jeweilige Thema behandelt haben.

Mehrfachnennungen
(Nennungen in absoluten Zahlen)

	insg.	D	F
„Großkategorien":			
Systemlinguistik, satzbezogen (ohne Semantik)	36	27	9
Systemlinguistik, textbezogen (strukturale Textlinguistik)	9	6	3
Semantik (einschließlich Textsemantik)	12	5	7
Sprache und Kommunikation	21	19	2
Sprache im sozialen Kontext	31	30	1
Linguistik und Nachbardisziplinen	8	6	2
„schwer zusammenfaßbare Einzelkategorien":			
Einführung in die Linguistik	5	4	1
Sprache − Denken − Realität	5	3	2
Inhaltbezogene Sprachwissenschaft	1	1	−
„Restkategorien"	2	1	1

Tab. 28

In den letzten beiden Tabellen werden zum großen Teil die schon im Zusammenhang mit den Untersuchungsbereichen „Theoretiker" bzw. „Gegenstandsbereiche" gegebenen Kommentare bestätigt: Die auf den verschiedenen Ausbildungsebenen bevorzugten Gegenstandsbereiche haben auch bei der Realisierung im Unterricht eine relativ hohe Frequenz. Sie werden entsprechend der jeweils erhaltenen Ausbildung im Unterricht ausprobiert/umgesetzt. Das zeigt die hohe Nennung von systemlinguistisch orientierten Themen, deren Wert für den praktischen Sprachunterricht zumindest zweifelhaft ist. Bisher liegen immer noch keine eindeutigen Forschungsergebnisse vor, die nachweisen, daß Reflexion über Sprache/Kommunikation zu größerer sprachlicher/kommunikativer Kompetenz führt. Die bei zunehmender Praxisorientierung der Ausbildung festgestellte verstärkte Hinwendung zu Themen wie „Sprache und Kommunikation" oder „Sprache im sozialen Kontext" wird in der Wahl und der Häufigkeit der Themen bestätigt. Themen aus diesem Bereich spielen besonders im Fach Deutsch eine wichtige Rolle, weil sie offensichtlich auf Interesse bei den Schülern stoßen und eher an ihren Erfahrungsbereich anknüpfen als rein sprachlich-grammatische Themen. Die im Vergleich zum Deutschunterricht geringe Frequenz dieser Themen im Fremdsprachenunterricht (im Bereich „Sprache und Kommunikation" 47 : 9 bzw. 19 : 2; im Bereich „Sprache im sozialen Kontext" 82 : 8 bzw. 30 : 1) ist wohl auf die geringe Sprachkompetenz der Schüler in der Fremdsprache zurückzuführen, die eine Behandlung solcher Themen von vornherein ausschließt bzw.

sie nur in wenigen Lerngruppen mit entsprechenden Fähigkeiten zuläßt. Interessant ist, daß ein Themenkomplex wie „Semantik" (einschließlich Textsemantik) im Fremdsprachenunterricht eine größere Attraktion als im Deutschunterricht besitzt. Von diesem Themenkomplex werden offensichtlich Hilfen für Arbeitsbereiche wie „Textanalyse" und „Textinterpretation" erwartet, die im Fremdsprachenunterricht traditionell einen bedeutenden Platz einnehmen, so skeptisch diese Unternehmungen auch vor dem Hintergrund der genannten geringen Sprachkompetenz beurteilt werden müssen.

Schlüsselt man die Antworten auf Frage 7 weiter auf, so ergibt sich für *„Häufigkeit der Unterrichtseinheiten mit linguistischer Thematik pro Lehrer"* folgendes Bild:

(Nennungen in absoluten Zahlen)

Unterrichtseinheiten	Lehrer
1 – 3	25
4 – 6	11
7 – 9	5
10 – 12	3
13 – 15	2
16 – 18	4
19 und mehr	3
insgesamt	53

Tab. 29

für *„Behandlung verschiedener Themen pro Lehrer":*

(Nennungen in absoluten Zahlen)

Unterrichtseinheiten mit verschiedener Thematik	Lehrer
1 Thema	16
2 Themen	20
3 Themen	11
4 Themen	3
5 Themen	2
6 und mehr	1
insgesamt	53

Tab. 30

Aus diesen Zahlen wird die verständliche Zurückhaltung der Lehrer aufgrund einer in vieler Hinsicht defizitären linguistischen Ausbildung sehr deutlich. Es ist die Frage zu stellen, wie diese Lehrer die quantitativ und qualitativ hochgeschraubten Anforderungen in den Richtlinien/Unterrichtsempfehlungen erfüllen sollen.

Die Auswertung der Frage „*Welches Thema wurde wie oft in welchem Jahr behandelt?*" zeigt die folgende Graphik (Abb. 3). In der Darstellung sind alle 389 Unterrichtseinheiten erfaßt, wobei nicht nach Fächern unterschieden wurde. Die zu Tab. 27 gemachten Bemerkungen zu den Begriffen „Großkategorie", „Einzelkategorie", „Restkategorie" und ihrer Darstellung gelten mit der Einschränkung, daß aus Gründen der Lesbarkeit einer Graphik auf die „schwer klassifizierbaren Einzelkategorien" und die „Restkategorien" verzichtet wurde. Die absoluten Zahlen für die einzelnen Themenkomplexe finden sich ebenfalls in der Aufstellung im Anhang. Da die Untersuchung ca. Mitte 1975 abgeschlossen wurde, haben wir die Werte für 75 hochgerechnet (verdoppelt).

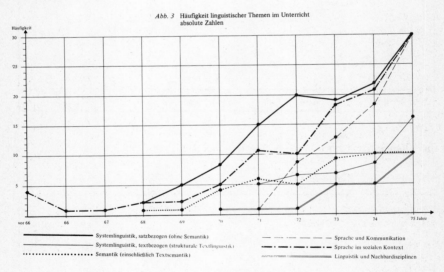

Abb. 3 Häufigkeit linguistischer Themen im Unterricht absolute Zahlen

Interessant bei dieser Übersicht ist der Zeitpunkt der Umsetzung/Erprobung/Anwendung bestimmter linguistischer Erkenntnisse im Unterricht. Mit der üblichen Zeitverzögerung werden die auf der Theorieebene diskutierten Themen im Unterricht nachvollzogen. Die Rezeptionsreihenfolge „Systemlinguistik", „kommunikationsorientierte Linguistik", „gesellschaftsbezogene Linguistik" trifft auch weitestgehend für die Rezeptionsfolge in der Schule zu. Das zunächst erstaunlich früh erscheinende Einsetzen des Themenkom-

38

plexes „Sprache im sozialen Kontext" ist damit zu erklären, daß unter dieser Großkategorie Einzelkategorien wie „Fach- und Sondersprachen" und „Sprache in der Werbung" subsumiert sind (vgl. Anhang), die schon früh auch ohne den Einfluß der Linguistik eine gewisse Rolle im Sprachunterricht gespielt haben. Bei Abb. 3 ist nicht so sehr der allgemeine Anstieg der Kurven von Interesse – dies ist durch die zunehmende Zahl der Lehrer mit linguistischer Ausbildung bedingt – vielmehr die Relation der einzelnen Kurven innerhalb der einzelnen Jahre. Dabei zeigt sich, daß ab 1973 „Sprache und Kommunikation" und „Sprache im sozialen Kontext" jeweils die stärkste Zunahme verzeichnen.

Die Differenzierung der *„Häufigkeit der Themen nach Ober-, Mittel- und Unterstufe"* stellt die folgende Tabelle 31 dar. Auch hier sind alle 389 Themen erfaßt. Es ist keine Unterscheidung nach Fächern gemacht. Sowohl „Großkategorien" als auch „schwer klassifizierbare Einzelkategorien" und „Restkategorien" werden entsprechend der Erläuterung zu Tab. 27 und 28 aufgeführt. Der Rest ist im Anhang nachzulesen.

(Nennungen in absoluten Zahlen)

	insg.	U	M	O
„Großkategorien":				
Systemlinguistik, satzbezogen (ohne Semantik) . .	106	34	22	50
Systemlinguistik, textbezogen (strukturale Textlinguistik)	33	–	12	21
Semantik (einschließlich Textsemantik)	41	6	13	22
Sprache und Kommunikation	56	4	18	34
Sprache im sozialen Kontext	90	11	27	52
Linguistik und Nachbardisziplinen	18	3	5	10
„schwer zusammenfaßbare Einzelkategorien":				
Einführung in die Linguistik	10	–	2	8
Sprache – Denken – Realität	17	–	5	12
Inhaltbezogene Sprachwissenschaft	11	3	4	4
„Restkategorien":	7	–	3	4
zusammen	389	61	111	217

Tab. 31

Bei grober Analyse zeigt die Tabelle, daß jeweils ca. die Hälfte und mehr der einzelnen Themenkomplexe in der Oberstufe abgehandelt worden sind (alle Themenkomplexe zus.: 55,8 % gegenüber 15,7 % in der Unterstufe und 28,5 % in der Mittelstufe.) Systemlinguistische und das Sprachsystem überschreitende Themen halten sich dabei ungefähr die Waage. Ob vorwiegend die

Oberstufe der geeigneteste Ort zur Behandlung linguistischer Themen ist, bedarf allerdings der Überprüfung durch abgesicherte Untersuchungen im Rahmen einer langfristig angelegten Unterrichtsforschung, in der Probleme der Motivation im Zusammenhang mit der Herausbildung kognitiver Fähigkeiten eine zentrale Rolle spielen müßten. Die hohe Nennung (34) in der Unterstufe für „Systemlinguistik, satzbezogen" läßt sich wohl damit erklären, daß in dieser Stufe der Schwerpunkt des gewohnten Grammatikunterrichts liegt und die ersten auf der Basis moderner linguistischer Erkenntnisse arbeitenden Sprachbücher zunächst die Unterstufe berücksichtigten.

4.2 Unterrichtsthemen und Modus der Aneignung der entsprechenden linguistischen Kenntnisse

In diesem Abschnitt versuchen wir darzustellen, im Rahmen welcher Institution bzw. auf welche Weise die für die Behandlung der jeweiligen linguistischen Unterrichtsthemen notwendigen Kenntnisse angeeignet wurden, um ansatzweise festzustellen, in welchem Maße die offizielle Lehrerausbildung sich auf einen Teil der Berufspraxis (in unserem Fall konkret: Wahl der linguistischen Themen) ausgewirkt hat.

(Nennungen in absoluten Zahlen)

Erwerb des für die Themen nötigen linguistischen Wissens:	*entsprechende Zahl der Unterrichtsthemen*
ausschließlich im Selbststudium	38
im Hochschulstudium und im Selbststudium	17
im Selbststudium und im Rahmen der Lehrerfortbildung . .	13
ausschließlich anhand von Schulbüchern	11
im Selbststudium und anhand von Schulbüchern	9
ausschließlich im Hochschulstudium	8
ausschließlich im Referendariat	6
im Referendariat und im Selbststudium	6
im Hochschulstudium, Selbststudium und im Rahmen der Lehrerfortbildung/des Kontaktstudiums	4
ausschließlich in der Lehrerfortbildung/im Kontaktstudium .	3
im Hochschulstudium und im Referendariat	2
im Hochschulstudium und in der Lehrerfortbildung/ im Kontaktstudium	1
im Hochschulstudium, Referendariat und Selbststudium . . .	1
im Hochschulstudium, Referendariat, Selbststudium und in der Lehrerfortbildung/im Kontaktstudium	1

Tab. 32

Hier bestätigen sich wieder die Ergebnisse, die schon in Kapitel 3.2 („Modus der Aneignung linguistischer Kenntnisse") sichtbar wurden, vor allem was die Disproportion zwischen „normaler" Ausbildung (Hochschule, Referendariat und Lehrerfortbildung) und Selbststudium betrifft. Besonders frappierend ist hier, daß die Kombination ‚Hochschulstudium und Referendariat' sich nur in 2 Fällen (!!) auf die Themenwahl auswirkte.

Neu hinzu kommt der zwar verständliche, aber bedenkliche Sachverhalt, daß in 11 Fällen, also hier an vierter Stelle, das für den Unterricht notwendige Wissen ausschließlich anhand von Schulbüchern erworben wurde, eine Art von Selbstausbildung, die wohl kaum als ausreichend angesehen werden kann.

In der folgenden Tabelle 32 a werden die gleichen Daten nicht mehr in kombinatorischer Form, sondern in der Form von Mehrfachnennungen getrennt aufgeführt.

(Nennungen in absoluten Zahlen)

Erwerb des für die Themen nötigen linguistischen Wissens:	*entsprechende Zahl von Unterrichtsthemen*
im Selbststudium	89
im Hochschulstudium	34
in der Lehrerfortbildung/im Kontaktstudium	22
anhand von Schulbüchern	20
im Referendariat	16

Tab. 32 a

4.3 Benutzte Materialien

Die entsprechende, hier verkürzt wiedergegebene Frage im Fragebogen lautete:
„Nennen Sie bitte die Materialien, die Sie im Unterricht verwendet haben."
(Frage 8)

Wir verfahren bei der Darstellung der Titel wie in 3.4.3 und führen von den vielen Nennungen an dieser Stelle nur jeweils die für die einzelnen Fächer am häufigsten genanntenTitel auf. Der Rest (1er-Nennungen) ist im Anhang zu finden.

Deutsch:

Von den 35 in Frage kommenden Lehrern antworteten 34. Genannt wurden insgesamt 36 Titel.

41

Mehrfachnennungen
(Nennungen in absoluten Zahlen)

Wort und Sinn: Oberstufe Bd. 3 (Schöningh)	18
Sprachbuch 5/6 (Klett)	9
Texte zur Sprache und Linguistik. Arbeitsmaterialien Deutsch (Klett)	6
Homberger, D., Linguistische Übungsformen. Arbeitsmaterialien Deutsch (Klett)	5
Lesen – Darstellen – Begreifen (Hirschgraben)	5
Sprache und Sprechen (Schroedel)	4
Vom Lehrer selbst erstellte/zusammengestellte Materialien	4
bsv-Studienmaterialien Linguistik	3
Deutscher Sprachspiegel (Schwann)	3
Satzlehre (Schwann)	3
Thiel, H. (Hrsg.), Reflexion über Sprache im Deutschunterricht (Diesterweg) . .	3
Arbeitstexte für den Unterricht: Funktionen der Sprache (Reclam)	2

Tab. 33

Englisch:

Von den 12 in Frage kommenden Lehrern antworteten alle 12. Genannt wurden nur 8 verschiedene Titel.

Mehrfachnennungen
(Nennungen in absoluten Zahlen)

selbständig erstellte Materialien	6
Sammlung Lensing, Sekundarstufe II	5
Werlich, E., Wörterbuch der Textinterpretation (Lensing)	2

Tab. 34

Französisch:

Von den 10 in Frage kommenden Lehrern mit linguistischen Themen antworteten alle 10. Genannt wurden nur 9 verschiedene Titel.

Mehrfachnennungen
(Nennungen in absoluten Zahlen)

selbständig erstellte Materialien	5
Cours de base (Klett)	3
Salut (Diesterweg)	3
Grevisse, Le bon usage	2

Tab. 35

Die wenigen Nennungen für den Fremdsprachenunterricht verdeutlichen erneut, daß die Basis für einen expliziten Linguistikunterricht in den Fremdsprachen zu gering ist. Hinzu kommt noch, daß aufgrund der niedrigen Einschätzung eines Linguistikunterrichts im Rahmen der Fremdsprachen nicht viel mehr Angaben gemacht werden konnten (vgl. auch die hohe Nennung von reinen Spracherlernungsbüchern), da es an entsprechend geeigneten Materialien auf dem Buchmarkt fehlt. Deshalb stehen die für Englisch und Französisch genannten „selbsterstellten Materialien" im Gegensatz zum Fach Deutsch jeweils an der Spitze der Nennungen.

4.4 Kritik der Unterrichtsmaterialien

Die Frage lautete: „*Welche Kritik hätten Sie an den vorgegebenen Unterrichtsmaterialien anzumelden?*" (Frage 9)

Insgesamt antworteten 45 Lehrer (davon: 26 Deutschlehrer und 19 Fremdsprachenlehrer). Keine Antworten gaben 8 (davon: 7 Deutschlehrer und 1 Fremdsprachenlehrer). Positive Urteile über die vorgegebenen Materialien gaben 2 Lehrer ab (davon: 1 Deutschlehrer und 1 Fremdsprachenlehrer; 2 Lehrer kannten nach ihrer eigenen Angabe keine Materialien).

Auch bei der Auswertung und Darstellung dieses Fragenkomplexes ergab sich wieder als Schwierigkeit, aus einer äußerst heterogenen Menge von Antworten zur Bildung möglichst eindeutiger Kategorien zu gelangen. Wir haben uns schließlich zu einer Subsumierung der Ergebnisse auf 4 Ebenen entschlossen:

(1) Kritik aus didaktisch-methodischer Perspektive
(2) Kritik aus didaktisch-curricularer Perspektive
(3) Kritik aus fachwissenschaftlicher Perspektive
(4) Kritik an der Schulbuchproduktion

Es wird schnell deutlich, daß die vierte Kategorie aus dem Rahmen der ersten drei herausfällt, die insofern eine gewisse Stimmigkeit aufweisen, als sie die Skala der Kritik vom Mangel an konkreten Hilfen über Defizite in der Praxis-Theorie-Relation bis zu Leerstellen auf der Theorieebene erfassen. Die unter (4) gemachten Angaben ließen sich unter (1) – (3) nicht einordnen. Sie erschienen uns von der Zahl der Nennungen und von der Gewichtigkeit des Gesichtspunkts so bedeutsam, daß wir sie nicht als Restkategorie behandeln wollten.

Wir stellen im folgenden die einzelnen Ebenen gesondert dar. Wegen der Mehrfachnennungen ergibt die Summe der Unterpunkte nicht die jeweils bei den Oberpunkten angegebene Zahl.

Mehrfachnennungen
(Nennungen in absoluten Zahlen)

		insges.	D	F
(1)	*Kritik aus didaktisch-methodischer Perspektive*	40	31	9
(a)	Materialien zu theoretisch, Anwendbarkeit wird nicht klar	16	15	1
(b)	mangelhafte didaktische Aufbereitung (nicht näher spezifiziert)	14	8	6
(c)	Überforderung der Schüler durch komplizierte Terminologie	8	8	–
(d)	zu wenig Beispiele/Übungsteile	5	4	1
(e)	Texte zu wenig motivierend	4	3	1
(f)	Materialien bieten dem Lehrer zu wenig didaktisch-methodische und fachwissenschaftliche Orientierungshilfen	7	6	1
(g)	Materialien selbst für Lehrer kaum verständlich .	3	3	–

Tab. 36

		insges.	D	F
(2)	*Kritik aus didaktisch-curricularer Perspektive*	12	12	–
(a)	Diskrepanz zwischen angestrebten Lernzielen und tatsächlicher Leistungsfähigkeit der dargestellten Theorien in der Schulpraxis	6	6	–
(b)	Überstürzte Didaktisierung	4	4	–
(c)	keine lernzielorientierte Gesamtkonzeption	3	3	–
(d)	triviale Sachverhalte unnötig formalisiert	3	3	–

Tab. 37

44

	insges.	D	F
(3) *Kritik aus fachwissenschaftlicher Perspektive*	9	7	2
(a) Vermengung verschiedener Theorien in *einem* Lehrbuch, keine homogene Terminologie	4	4	–
(b) z. T. Übernahme fachwissenschaftlich ungesicherter Ergebnisse in die Materialien	3	3	–
(c) Darstellungen unvollständig, bruchstückhaft . . .	2	–	2
(d) zu starke Vereinfachung der wissenschaftlichen Theorien	1	1	–

Tab. 38

	insges.	D	F
(4) *Kritik an der Schulbuchproduktion*	12	6	6
(a) zu viele verschiedene linguistische Theorien/ Modelle/Terminologien in *verschiedenen* Lehrbüchern	12	6	6

Tab. 39

Die wenigen kritischen Nennungen der Fremdsprachler sind vor dem Hintergrund der geringen Anzahl von Angaben zu den verwendeten Unterrichtsmaterialien überhaupt leicht erklärbar. Die „Kritik aus didaktisch-methodischer Perspektive" steht für die Sprachpraktiker an erster Stelle (= insg.: 40 Nennungen, davon: 31 für das Fach Deutsch). Hier ist ihr Meinungsbild am vielfältigsten und ihre Kritik am konstruktivsten. Nicht nur Schulbuchautoren bzw. Verfasser von Unterrichtsmaterialien sollten Konsequenzen aus Tab. 36 – 39 ziehen. Die dort aufgeführten Punkte und die im Anhang zu den einzelnen Unterrichtswerken im Fach Deutsch genannten Urteile sind in mancher Hinsicht Ergänzung und *Beleg* für die an anderer Stelle aus anderer Perspektive geäußerte Kritik, die hier nicht wiederholt zu werden braucht (vgl. z. B. *Maas* 1974; *Hamburger Autorenkollektiv* 1975).

Auf die Teilfrage „*An welchen Materialien (z. B. über welche Themengebiete) mangelt es Ihrer Meinung nach?*" (Frage 9) antworteten leider nur 24 Lehrer (davon: 14 Fremdsprachenlehrer). Diese relativ geringe Zahl von Antworten läßt sich wohl aus der Tatsache erklären, daß in den meisten vorher genannten Kritikpunkten implizit schon die Frage nach dem Mangel an bestimmten Materialien mitbeantwortet ist. Weiterhin zeigt sich, daß in den expliziten Antworten auf die Frage nach dem Mangel keine neuen Aspekte enthalten sind. Daher ist diese Teilfrage vor allem als Kontrollfrage zu verstehen.

Mehrfachnennungen
(Nennungen in absoluten Zahlen)

Die Lehrer stellten *Mangel an folgenden Materialien* fest:

	insges.	D	F
(1) an Materialien überhaupt (unspezifiziert)[1]	9	1	8
(2) an didaktisch gut aufbereiteten Materialien	6	2	4
(3) an praxisorientierten Materialien	6	2	4
(4) an Materialien, die die Nützlichkeit der Linguistik aufweisen	3	–	3
(5) an die Schüler motivierenden Materialien	1	–	1
(6) an Materialien zu inhaltlich näher gekennzeichneten Gegenstandsbereichen	8	4	4
(a) Materialien zu Grundfragen der Linguistik	4	2	2
(b) Materialien zur Pragmalinguistik	1	1	–
(c) Materialien zur Soziolinguistik	2	1	1
(d) Materialien zur Psycholinguistik	1	1	–
(e) Materialien zum Verhältnis Linguistik – Textanalyse	3	1	2
(7) Mangel an Beispielen und geeignetem Übungsmaterial *in* den Materialien	3	2	1
(8) Mangel an einheitlicher Terminologie	4	2	2
(9) Mangel an geeigneten Orientierungshilfen für Lehrer	2	1	1

Tab. 40

Es liegt trotz der geringen Nennungen die Vermutung nahe, daß der Mangel von Fremdsprachenlehrern deshalb in höherem Maße als von Deutschlehrern empfunden wird, weil, wie schon weiter oben gesagt, aufgrund der bekannten Bedingungen des Fremdsprachenunterrichts im Gegensatz zum Deutschunterricht kaum Möglichkeiten für einen expliziten Linguistikunterricht gesehen werden und deshalb auch keine/wenig geeignete Materialien hergestellt werden.

46

4.5 Schülerreaktionen auf die verschiedenen linguistischen Themen

4.5.1 *Darstellung*

Die folgende graphische Darstellung ist die Auswertung der Antworten auf die Frage *„Welche der im Unterricht behandelten Themen interessierten die Schüler besonders bzw. welche stießen auf ihre Ablehnung?"* (Frage 10)

Streng genommen, hätten hier die Schüler in einer eigenständigen Untersuchung befragt werden müssen, aber wir gehen davon aus, daß die Lehrer durchaus in der Lage sind, zu beurteilen, ob ein Thema „angekommen" ist oder nicht.

In Analogie zu dem unter 4.1 und an anderer Stelle über die sogenannten „Großkategorien" Gesagten verzichten wir auch hier wegen der größeren Übersichtlichkeit und besseren Lesbarkeit auf die Einzelkategorien und detaillierte Zahlenangaben. Diese sind im Anhang aufgeführt.

Von den insgesamt 92 Nennungen sind 61 positiv und 31 negativ. Nach Fächern und einzelnen Themenkomplexen gegliedert ergibt sich folgendes Bild:

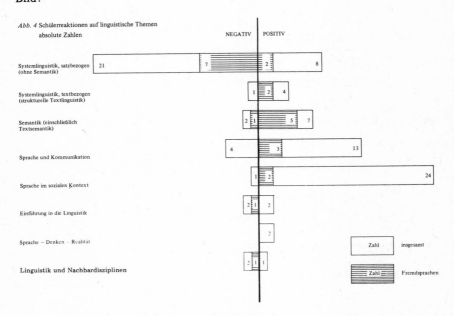

Abb. 4 Schülerreaktionen auf linguistische Themen
absolute Zahlen

Die Abbildung 4 spricht eine sehr klare Sprache und bedarf keines umfangreichen Kommentars. Der deutlichen Ablehnung von „systemlinguistischen" Themen (hier besonders: „Systemlinguistik, satzbezogen"), die nur von relativ wenigen Klassen positiv bewertet werden, steht eine überragende positive Einschätzung besonders der Themenkomplexe „Sprache und Kommunikation" und „Sprache im sozialen Kontext" gegenüber. Die Gründe für diese fast ausschließlich für den Deutschunterricht gegebenen positiven Beurteilungen brauchen nicht noch einmal wiederholt zu werden. Daß die günstige Einschätzung des Komplexes „Semantik" vorwiegend aus dem Fremdsprachenunterricht kommt, liegt wohl darin begründet, daß die zur Semantik gerechnete Wortschatzarbeit wichtige Schülerbedürfnisse zu treffen scheint, wie auch schon in der Schülerbefragung in *Henrici* 1973 deutlich wurde.

4.5.2 *Begründungen der Schülerreaktionen*

Die Frage lautete „*Welches waren Ihrer Meinung nach die Gründe für die jeweiligen Reaktionen?*" (Frage 11)

Begründungen für die Schülerreaktionen wurden von 35 Lehrern gegeben.

Da es sich hier wieder um eine ‚offene Frage' handelt, brachte die Klassifizierung der Antworten die üblichen Schwierigkeiten mit sich. Um die Vielfalt der Begründungen nicht allzusehr einzuengen bzw. zu verfälschen, haben wir die Begründungskategorien weitgehend in der von den Befragten gelieferten Formulierung belassen; die Klassifizierung der Antworten in Tab. 41 kann also keinen Anspruch auf Systematik im strengen Sinne erheben.

Zur Begründung der *positiven* Schülerbeurteilungen wurde angeführt:

Mehrfachnennungen
(Nennungen in absoluten Zahlen)

(1)	„Anschaulichkeit und Bezug zum Erfahrungsbereich der Schüler"	26
(2)	„Verwendbarkeit für Textanalyse und Textproduktion"	10
(3)	„Neuheit des Themas"	9
(4)	„Mögliche Verwendbarkeit in außerschulischen Situationen"	7
(5)	„Motivierender als Beschäftigung mit traditioneller Grammatik"	4
(6)	„Verwendbarkeit für Sprachförderung"	3
(7)	„Bezug zu anderen Fächern"	2

Tab. 41

Schon auf den ersten Blick wird deutlich, daß sich die Begründungen auf verschiedene Aspekte des Lehr- und Lernzusammenhangs beziehen und sich zudem noch nach Reichweite und Wichtigkeit unterscheiden. So erweisen sich die Begründungen (2), (4) und (6) als lernzielorientiert, während Begründung (1) sich mehr auf die Motivation der Schüler bzw. auf das ‚Motivierungspotential' der Themen bezieht, was allerdings nicht ausschließt, daß bei den Antworten, die unter diese Kategorie fallen, Lernzielerwägungen nicht ebenfalls eine Rolle spielten. Grund (3) ist eher lernpsychologisch orientiert und kann sich auf jedes neu eingeführte Thema beziehen; von daher gibt er in unserem Zusammenhang für eine fruchtbare Interpretation wenig her.

Wenig aussagekräftig ist auch Grund (7) (zumindest im vorliegenden Fall), der allerdings nur zweimal genannt wurde: die eine Nennung bezieht sich auf Bloomfields behavioristischen sprachtheoretischen Ansatz, wobei der Bezug zu anderen Fächern aber nicht näher erläutert wird; die zweite Nennung betrifft die Behandlung der strukturalen Phonologie in einer naturwissenschaftlichen Klasse, deren Schüler nach Meinung des Befragten großes Interesse aufgrund ihrer spezifischen wissenschaftlichen Ausrichtung zeigten.

Eingeschränkte Aussagekraft weist auch die Begründung (5) auf, da sie das ‚Bessere im Neuen' herleitet aus dem ‚schlechten Alten'. Die Gründe (2), (4) und (6) beziehen sich auf Lernziele, die eine unterschiedliche Position in einer (für jeden Befragten unterstellbaren) Hierarchie von Lernzielen einnehmen. Hier liegt auch die Problematik der Vergleichbarkeit und Bewertbarkeit der verschiedenen Antworten, da wir für die Befragten insgesamt keine einheitliche, für alle gültige und verbindliche Lernzielhierarchie annehmen können.

Zur Begründung der *negativen* Schülerreaktionen wurde angeführt:

Mehrfachnennungen
(Nennungen in absoluten Zahlen)

(1) „Thematik zu theoretisch, Anwendbarkeit wird nicht erkennbar, kein Bezug zum Erfahrungsbereich der Schüler"	14
(2) „Intellektuelle Überforderung der Schüler durch Theorien und Terminologien"	7
(3) „Kein Interesse für Theorie bei den Schülern vorhanden"	4
(4) „Vorzüge der neuen Grammatikmodelle gegenüber der traditionellen Grammatik werden nicht einsehbar"	4
(5) „Verwendbarkeit für Textanalyse und Textproduktion nicht erkennbar" . .	4
(6) „Mangelnde thematische Kompetenz des Lehrers"	3
(7) „Didaktisch ungeeignetes Übungsmaterial"	3

Tab. 42

Die Liste der Begründungstypen ist ähnlich heterogen wie die in Tab. 41 aufgeführte. Direkt lernzielorientierte, am Verwendungsaspekt orientierte Begründungen finden sich unter Punkt (1), (5) und mit Einschränkungen unter (4), — wobei (4) und (5) wieder niedrigeren Hierarchiestufen zugeordnet werden müßten. Der Motivierungsaspekt scheint — zumindest ansatzweise — unter Punkt (3) und (1) angesprochen zu sein.

Weiterhin beziehen sich — unter einem anderen Gesichtspunkt gegliedert — nur die Kategorien (1), (4) und (5) auf die Thematik (oder anders formuliert: auf die Lerninhalte), während die restlichen Kategorien sich mehr oder weniger auf formale Gegebenheiten der Lehr- und Lernsituation richten (auf personenbezogene Bedingungen des Lehrens (6), auf Bedingungen des Lernens (2), (3) und auf die Beschaffenheit des Vermittlungsmaterials (7)).

Eine Gesamtinterpretation der Begründungen zeigt, daß trotz der Heterogenität der Antworten sich eine klare Tendenz abzeichnet: deutlich an der Spitze stehen — sowohl in bezug auf die positiven als auch auf die negativen Schülerreaktionen — der Gesichtspunkt der Anschaulichkeit und des Bezugs zum Erfahrungsbereich der Schüler sowie der Gesichtspunkt der Verwendbarkeit, während den restlichen Gründen doch erheblich weniger Bedeutung beigemessen wird. Immerhin bemerkenswert bleibt, daß eine relativ hohe Anzahl der positiven Beurteilungen auf die „Neuheit" eines Themas zurückgeführt wird, — eine Erklärung, die in dieser allgemeinen Form, wie schon gesagt, wenig befriedigen kann. Zudem liegt bei einem solchen Begründungstyp die Gefahr nahe, daß man sich der Mühe von Lernzielüberlegungen auf bequeme Weise entledigt.

Ein genaueres Bild ergibt sich, wenn man die Begründungen für die jeweiligen Reaktionen auf die *einzelnen Themenkomplexe* anschaut:[1]

„Sprache im sozialen Kontext"

Unter diesen Themenkomplex fallen folgende Einzelthemen:
- Sprache und Sozialisation
- Sprache und Schicht
- Sprache der Werbung
- Sprache der Politik
- Dialekte/Umgangssprache/Hochsprache

Die Themen wurden — entsprechend *Abb. 4* — 24 x positiv und 1 x negativ gewertet.

---

1 Die Zahl der Begründungen stimmt im folgenden nicht mit der Zahl der Wertungen nach *Abb. 4* überein, da nicht von allen betreffenden Lehrern Begründungen gegeben wurden.

Gründe für die *positiven* Beurteilungen:

Zahl der
Nennungen

(1) „Anschaulichkeit und Bezug zum Erfahrungsbereich
der Schüler" 16
(4) „Mögliche Verwendbarkeit in außerschulischen Situationen" . . . 2
(6) „Verwendbarkeit für Sprachförderung" 2
(3) „Neuheit des Themas" 1

Gründe für die *negative* Beurteilung:

(6) „Mangelnde thematische Kompetenz des Lehrers" 1
(2) „Intellektuelle Überforderung der Schüler
durch Theorien und Terminologien" 1

Eine Interpretation fällt nicht schwer, da Begründung (1) in diesem Fall
naheliegt. Bemerkenswert ist, daß die beiden Begründungen für das negative
Urteil der Schüler sich nicht auf die Thematik bzw. auf den Lerninhalt beziehen, also auch nicht die Vermittlung solcher Theorien prinzipiell in Frage
stellen. Die geringe Zahl der Nennungen von (4) und (6) für die positiven Beurteilungen weist darauf hin, daß die Sinnhaftigkeit dieses Themenkomplexes
weniger in der Verbesserung sprachlicher oder kommunikativer Fähigkeiten
gesehen wird, sondern eher in der Erweiterung des Wissens über den gesell-
schaftlich-historischen Aspekt von Sprache.

„Sprache und Kommunikation"

Entsprechend *Abb. 4* wurde dieses Thema 13 x positiv und 4 x negativ beurteilt.

Gründe für die *positiven* Beurteilungen:

Zahl der
Nennungen

(1) „Anschaulichkeit und Bezug zum Erfahrungsbereich
der Schüler 7
(4) „Mögliche Verwendbarkeit in außerschulischen Situationen" . . . 5
(2) „Verwendbarkeit für Textanalyse und Textproduktion" 2
(3) „Neuheit des Themas" 2

Gründe für die *negativen* Beurteilungen:

(2) „Intellektuelle Überforderung der Schüler
durch Theorien und Terminologien" 2

Ebenso wie im Fall des vorigen Themenkomplexes wird der Inhalt hier kein einziges Mal negativ bewertet. Grund für die Ablehnung wird vermutlich die ungünstige Auswahl bzw. unzureichende didaktische Aufbereitung der Unterrichtsmaterialien gewesen sein, — ein Sachverhalt, der mit der in Kap. 4.4 dargestellten Kritik an den Unterrichtsmaterialien korrespondiert.

Auffällig ist, daß die Verwendbarkeit dieser Lerninhalte zwar höher eingeschätzt wird als die des Themenkomplexes „Sprache im sozialen Kontext", immerhin aber — gemessen an der Gesamtzahl der positiven Begründungen — für geringer gehalten wird, als man hätte annehmen können. Man erinnere sich vor allem an die zeitweise zahlreichen fachdidaktischen Beiträge, in denen auf oftmals euphorische und wenig reflektierte Weise die Einführung von Kommunikationstheorie bzw. Kommunikationsmodellen im Unterricht propagiert wurde. Die Unterrichtspraxis scheint doch zu einiger Skepsis gegenüber zu hochgespannten Erwartungen zu führen, denenzufolge die „Erweiterung der Kommunikationsfähigkeit" allein schon durch Vermittlung kommunikationstheoretischer Inhalte erreicht werden kann.

„Satzbezogene Systemlinguistik"

Unter diesen Themenkomplex fallen die Einzelthemen:
- Phonetik/Phonologie
- Morphologie
- Syntax, unspezifiziert
- Strukturale Syntax
- Grammatiktheorien, unspezifiziert
- GTG
- Strukturale Grammatik

Entsprechend *Abb. 4* wurden diese Themen 8 x positiv und 21 x negativ bewertet.

Gründe für die *positiven* Beurteilungen:

		Zahl der Nennungen
(3)	„Neuheit des Themas"	4
(7)	„Bezug zu anderen Fächern"	2
(2)	„Verwendbarkeit für Textanalyse und Textproduktion"	1
(5)	„Motivierender als Beschäftigung mit traditioneller Grammatik"	1
(6)	„Verwendbarkeit für Sprachförderung"	1

Gründe für die *negativen* Beurteilungen:

		Zahl der Nennungen
(1)	„Thematik zu theoretisch, Anwendbarkeit wird nicht erkennbar, kein Bezug zum Erfahrungsbereich der Schüler"	11
(4)	„Vorzüge der neuen Grammatikmodelle gegenüber der traditionellen Grammatik werden nicht einsehbar"	4
(3)	„Kein Interesse für Theorie bei den Schülern vorhanden"	3
(7)	„Didaktisch ungeeignetes Übungsmaterial"	3
(5)	„Verwendbarkeit für Textanalyse und Textproduktion nicht erkennbar"	2
(6)	„Mangelnde thematische Kompetenz des Lehrers"	2
(2)	„Intellektuelle Überforderung der Schüler durch Theorien und Terminologien"	2

Die Beurteilungen dieses Themenkomplexes und die entsprechenden Begründungen sind denen des Themenkomplexes „Sprache im sozialen Kontext" diametral entgegengesetzt. Als positiv wird hier vor allem die inhaltsneutrale „Neuheit des Themas" angeführt. Den zwei Nennungen der „Verwendbarkeit" steht eine Mehrzahl von Einschätzungen gegenüber, in denen dieser Themengruppe sowohl konkrete Verwendbarkeit als auch ein wie auch immer geartetes Motivierungspotential abgesprochen wird. Dieses Ergebnis entspricht deutlich dem sich allmählich herausbildenden fachdidaktischen Konsens, demzufolge systemlinguistische Themen und Verfahrensweisen im Unterricht kaum noch lernzielmäßig legitimierbar erscheinen. (Vgl. hierzu allerdings *Hartmann* 1975, wo der bis jetzt wohl detaillierteste Versuch unternommen wird, die verschiedenen Aspekte der GTG einem breit gefächerten Lernzielkatalog zuzuordnen und somit ihre Behandlung im Unterricht zu legitimieren.)

„Textbezogene Systemlinguistik"

Hierunter fallen die Einzelthemen:
– Strukturale Textsyntax
– Strukturale Textlinguistik/Textkonstitution
Entsprechend *Abb. 4* wurde dieser Themenkomplex 4 x positiv und 1 x negativ bewertet.

Gründe für die *positiven* Beurteilungen:

		Zahl der Nennungen
(2)	„Verwendbarkeit für Textanalyse und Textproduktion"	4
(1)	„Anschaulichkeit und Bezug zum Erfahrungsbereich der Schüler"	2

(5) „Motivierender als Beschäftigung mit traditioneller
Grammatik" 2

Gründe für die *negativen* Beurteilungen:

(5) „Verwendbarkeit für Textanalyse und Textproduktion
nicht erkennbar" 1

Obwohl hier ein deutliches Übergewicht der positiven Bewertungen vor-
liegt, deren Begründungen zudem noch auffallend einheitlich sind, muß dieses Ergebnis doch aufgrund der geringen Gesamtzahl der Nennungen vorsich-
tig gewertet werden.
Ähnliches gilt für den nächsten Themenkomplex:

„Semantik"

Hierunter fallen die Einzelthemen:
— Semantik, unspezifiziert
— Strukturale Semantik
— Strukturale Textsemantik

Entsprechend *Abb. 4* wurden diese Themen 7 x positiv und 2 x negativ gewertet.

Gründe für die *positiven* Beurteilungen:

Zahl der
Nennungen

(2) „Verwendbarkeit für Textanalyse und Textproduktion" 3
(1) „Anschaulichkeit und Bezug zum Erfahrungsbereich
der Schüler" 2
(5) „Motivierender als Beschäftigung mit traditioneller
Grammatik" 2

Gründe für die *negativen* Beurteilungen:

(1) „Thematik zu theoretisch, Anwendbarkeit wird nicht
erkennbar, kein Bezug zum Erfahrungsbereich der Schüler". 1
(2) „Intellektuelle Überforderung der Schüler durch
Theorien/Terminologien" 1

Wenig ergiebig sind auch die Einschätzungen der Themen „Einführung in die Linguistik" und „Sprache — Denken — Realität", die hier aus
Gründen der Vollständigkeit noch dargestellt werden sollen.

„Einführung in die Linguistik"

Dieses Thema wurde 2 x positiv und 2 x negativ bewertet.

Gründe für die *positiven* Beurteilungen:

Zahl der
Nennungen

(3) „Neuheit des Themas" 1

Gründe für die *negativen* Beurteilungen:

(1) „Thematik zu theoretisch, Anwendbarkeit wird nicht erkennbar, kein Bezug zum Erfahrungsbereich der Schüler" 1
(3) „Kein Interesse für Theorie bei den Schülern vorhanden" 1
(5) „Verwendbarkeit für Textanalyse und Textproduktion nicht erkennbar" 1
(2) „Intellektuelle Überforderung der Schüler durch Theorien/ Terminologien" 1

„Sprache – Denken – Realität"

Dieses Thema wurde 2 x positiv bewertet.

Begründung:
(3) „Neuheit des Themas" 1

4.6 Ist die Behandlung von linguistischen Themen/Theorien im Sprachunterricht sinnvoll?

4.6.1 Darstellung

Auf die entsprechende Frage *„Halten Sie die Vermittlung linguistischer Themen im Unterricht überhaupt für sinnvoll?"* (Frage 12) antworteten von den 90 Lehrern:

(Nennungen in absoluten Zahlen und Prozent)

	insgesamt	
„ja"	30	(33,3)
„nein"	8	(8,9)
„ja mit Einschränkung"	29	(32,2)
„nein mit Einschränkung"	5	(5,6)
keine Angaben machten	18	(20,0)
zusammen	90	(100,0)

Tab 43

Differenziert nach Deutschunterricht und Fremdsprachenunterricht antworteten:

	D		F	
„ja"	12	(26,7)	19	(32,8)
„nein"	1	(2,2)	7	(12,1)
„ja mit Einschränkung"	18	(40,0)	12	(20,7)
„nein mit Einschränkung"	4	(8,9)	2	(3,4)
keine Angaben machten	10	(22,2)	18	(31,0)
zusammen	45	(100,0)	58	(100,0)

Tab. 43a

Die Kategorien „ja mit Einschränkung" und „nein mit Einschränkung" müssen noch näher expliziert werden:

Unter *„ja mit Einschränkung"* fallen die Nennungen der Lehrer, die eine Vermittlung linguistischer Theorien erst dann für sinnvoll halten, wenn sie bestimmte Bedingungen erfüllt sehen.

Bei der folgenden Auflistung der angeführten Bedingungen bzw. Einschränkungen tritt wieder das Problem der Systematisierung der offenen Antworten auf. Die Einschränkungen werden von uns den Formulierungen entsprechend klassifiziert und nach der Häufigkeit der Nennungen aufgeführt. Wir haben bewußt in der Darstellung darauf verzichtet, die Antworten unter Kategorien mit höherem Abstraktionsgrad zu subsumieren, um nicht eine Konsistenz der Antworten zu suggerieren, die dem Wortlaut streng genommen nicht zu entnehmen ist.

Die Vermittlung von Linguistik im Unterricht wird von den 29 in Frage kommenden Lehrern erst *dann für sinnvoll gehalten, wenn folgende Bedingungen erfüllt sind:*

56

(Nennungen in absoluten Zahlen)

(1)	„Wenn die Thematik problemori_ _tiert aus dem Unterricht hervorgeht, wenn sie nicht aufg_ _wirkt“	11
(2)	„Wenn die Anwendbarkeit _ _uistik garantiert ist“	7
	(darunter fallen:)	
	− Anwendbarkeit für _ _rungshilfe im Alltag 3	
	− Anwendbarkeit für bes_ _ Textverständnis 2	
	− Anwendbarkeit für Spra_h.örderung 2	
(3)	„Wenn eine geeignete Auswahl an linguistischen Themen vorliegt“	5
(4)	„Wenn die Vermittlung nur auf der Oberstufe erfolgt“	4
(5)	„Wenn die linguistische Theorie im Sprachunterricht vorrangig als Mittel zum Zweck angewandt wird, nicht als Selbstzweck verstanden wird“	3
(6)	„Wenn nur Soziolinguistik vermittelt wird“	3
(7)	„Im Fremdsprachenunterricht: Nur wenn gute Fremdsprachenkenntnisse vorhanden sind“	3
(8)	„Erst bei geeignetem intellektuellem Entwicklungsstand der Schüler“	2
(9)	„Wenn die Qualifikation des Lehrers garantiert ist“	1
(10)	„Wenn die zu vermittelnde Theorie klar und übersichtlich ist“ . .	1
(11)	„Wenn nur Soziolinguistik und Textlinguistik vermittelt werden“ .	1
(12)	„Wenn andere wichtige Unterrichtsstoffe nicht vernachlässigt werden“	1
(13)	„Im Fremdsprachenunterricht: Wenn linguistische Themen in der Muttersprache vermittelt werden“	1

Tab. 44

Es zeigt sich sofort, daß diese Bedingungen sowohl gleich gelagerte als auch völlig unterschiedliche Aspekte des Problemfeldes berühren und zudem noch von unterschiedlicher Reichweite bzw. Wichtigkeit sind.

Grundsätzlicher Natur sind vor allem die unter Punkt (2) fallenden Einschränkungen, da hier nach Meinung der Befragten die Linguistik ihre Nützlichkeit erst noch zu beweisen hat.

Gewichtige Einschränkungen tauchen auch unter (6) und (11) auf, da hier nur ganz bestimmte eng umgrenzte Gegenstandsbereiche im Unterricht zugelassen werden sollen.

Die restlichen Bedingungen schließlich beziehen sich − ebenfalls mit unterschiedlicher Reichweite − auf didaktisch-methodische Probleme, die unserer Meinung nach prinzipiell lösbar sind, letztlich also die Vermittlung linguistischer Themen nicht ernsthaft in Frage stellen. Zu diesen didaktisch-methodischen Bedingungen gehören:

(a) der Gesichtspunkt der didaktischen Vorgehensweise: Punkt (1), der unter anderem wieder (vgl. Kap. 4.4 und 4.5.2) Anschaulichkeit und Bezug der Themen zum Erfahrungsbereich der Schüler betont (insges. 11 Nennungen),

(b) der Gesichtspunkt der für eine sinnvolle Lernsituation nötigen Voraussetzungen, differenziert nach:
— Voraussetzungen auf Seiten der Schüler: Punkt (4), (7) und (8) (insgesamt 9 Nennungen),
— Voraussetzungen auf Seiten des Lehrers: Punkt (9) (nur 1 Nennung),
— Voraussetzungen in bezug auf den Lerngegenstand (Exemplarität und Verständlichkeit): Punkt (3) und (10) (insges. 6 Nennungen).

Interessant an diesen Einschränkungen erscheint uns vor allem, daß der an der Anschaulichkeit des Themas und entsprechend an der Motivation der Schüler orientierte Gesichtspunkt an erster Stelle erscheint: ein Hinweis darauf, welch starkes Gewicht gerade diesem Aspekt bei der Planung/Durchführung von Unterrichtsreihen und bei der Erstellung von Lehrbüchern/Unterrichtsmaterialien beigemessen werden muß.

Die unter die Kategorie *„nein mit Einschränkung"* fallenden Angaben spezifizieren die Bedingungen, unter denen die Vermittlung von Linguistik doch sinnvoll sein könnte, im großen und ganzen nicht näher. Es handelt sich hier um Formulierungen wie „nur in sehr beschränktem Maße, da praktische Relevanz der Linguistik *noch* nicht erkennbar" oder „zur Zeit nicht sinnvoll" u. a., die im Grunde eine abwartende Haltung bzw. noch unentschiedene Einschätzung ausdrücken. Von daher rücken diese Antworten in die Nähe der unter der Kategorie „ja mit Einschränkung": Punkt (2) („Wenn die Anwendbarkeit der Linguistik garantiert ist") formulierten Einschätzungen.

Eine differenzierte Interpretation der Einschränkungen erlaubt somit eine Neugruppierung der in *Tab. 43* dargestellten Angaben, die die unterschiedliche Einstellung der befragten Lehrer zur Linguistik im Unterricht schärfer hervortreten läßt:
(a) die Nennungen unter „ja mit Einschränkung" werden ohne die Punkte ((2), (6) und (11) zu „ja" gerechnet und zu der Kategorie *„prinzipielle Befürwortung"* zusammengefaßt,
(b) die Nennungen unter (6) und (11) bilden die Kategorie *„Befürwortung eines Teilbereichs",*
(c) „nein mit Einschränkung" und die Nennungen unter Punkt (2) der Kategorie „ja mit Einschränkung" ergeben die Kategorie *„vorerst unentschieden",*
(d) „nein" bleibt als *„prinzipielle Ablehnung"* erhalten.

Es ergibt sich folgende Darstellung:

(Nennungen in absoluten Zahlen und Prozent)

Einstellung der Lehrer	insgesamt	
prinzipielle Befürwortung	48	(53,3)
Befürwortung eines Teilbereichs	4	(4,4)
prinzipielle Ablehnung	8	(8,9)
vorerst unentschieden	12	(13,3)
keine Angaben	18	(20,0)
zusammen	90	(100,0)

Tab. 45

Differenziert nach Deutschunterricht und Fremdsprachenunterricht:

Einstellung *der Lehrer*	D		F	
prinzipielle Befürwortung	20	(44,4)	30	(51,7)
Befürwortung eines Teilbereichs	4	(8,9)	–	–
prinzipielle Ablehnung	1	(2,2)	7	(12,1)
vorerst unentschieden	10	(22,2)	3	(5,2)
keine Angaben	10	(22,2)	18	(31,0)
zusammen	45	(100,0)	58	(100,0)

Tab. 45 a

4.6.2 *Begründungen:*

Begründungen für die positiven Einschätzungen

Angaben hierzu wurden von insgesamt 33 Lehrern gemacht (davon zum Fach Deutsch von 16 Lehrern, zu den Fremdsprachenfächern von 19 Lehrern).

(Nennung in absoluten Zahlen)

(1)	„Vermittlung fördert Sprachwissen/Reflexion/kritische Distanz"	11
(2)	„Sprachreflexion anhand linguistischer Unterrichtsthemen führt zur Änderung der Haltung des Sprachbenutzers gegenüber der Sprache"	7
(3)	„Vermittlung ling. Theorien läßt Sprache und Sprachverwendung rationaler faßbar werden und fördert rationaleres Handeln"	7
(4)	„Vermittlung linguistischer Theorien fördert sprachliche Kompetenz"	6
(5)	„Vermittlung linguistischer Theorien fördert systematisches Textverständnis"	6
(6)	„Vermittlung linguistischer Theorien hat wissenschaftspropädeutische Funktion"	6
(7)	„Linguistische Kenntnisse bieten Hilfestellung beim Erkennen und Bewältigen sprachlicher Manipulation"	3
(8)	„Vermittlung von Linguistik kann propädeutische Funktion für Fremdsprachenerwerb haben"	2

Tab. 46

Auch hier wurden wieder typische Formulierungen nach der Häufigkeit ihrer Nennungen aufgelistet. Da die einzelnen Formulierungen nicht sehr trennscharf sind, kann eine Systematisierung nur ansatzweise versucht werden. Neben die traditionelleren Argumente der „wissenschaftspropädeutischen Funktion" und der „propädeutischen Funktion für den Fremdsprachenerwerb" treten Argumente, die die Meinungsvielfalt und Entwicklung der fachdidaktischen Diskussion der letzten Jahre widerspiegeln.[2]

Ein eher technisches Verfügen über Sprache scheint in den Punkten (4) und — auf Texte erweitert — (5) anvisiert zu sein, während die Punkte (1), (2), (3) und (7) das Ziel einer kritischen und rationalen Einstellung gegenüber dem Gegenstand Sprache und daraus resultierend einer veränderten Beurteilung bzw. Handhabung des Instruments Sprache anstreben. Interessant hierbei scheint uns, daß das mehr technische Verfügen gegenüber dem Aspekt der „kritischen Rationalität" weitaus in den Hintergrund tritt.

Anders gegliedert: Nimmt man — zusätzlich zu den Kategorien der „Wissenschaftspropädeutik" und der „Propädeutik für den Fremdsprachenerwerb" — als Gliederungsraster die von *Cherubim/Henne* 1973 formulierten fachdidaktischen Kriterien der (a) „Kreativitäts- bzw. Kommunikationseffizienz (= Verbesserung und Erweiterung der Sprachkompetenz)", (b) „Problematisierungseffizienz (= Aufbau einer reflexiven Metakompetenz)" und (c) „Praxisbezug und Handlungseffizienz (= Befähigung zu situationsadäquatem und interessegemäßem Handeln)" hinzu, so ergibt sich folgende Systematik:

Problematisierungseffizienz: Punkte (2) und (1) 18
Kreativitäts- bzw. Kommunikationseffizienz: Punkte (4) u. (5) 12
Praxisbezug und Handlungseffizienz: Punkte (3) und (7) 10
Wissenschaftspropädeutik: Punkt (6) 6
Fremdsprachenpropädeutik: Punkt (8) 2

Begründungen für die negativen Einschätzungen:

Angaben hierzu wurden von 8 Lehrern gemacht (davon 7 Fremdsprachenleh-

---

1 Wir haben hier auf eine Differenzierung nach Deutsch und Fremdsprachen verzichtet, da die Nennungen — der Basis entsprechend — anteilmäßig gleich verteilt waren (Ausnahme: Wissenschaftspropädeutik wurde nur von Deutschlehrern genannt).
2 Es handelt sich auch hier um Aussagen, die zum größten Teil über den Status von Plausibilitätserwägungen nicht hinauskommen und empirisch nur schwer verifizierbar sind. Fast allen liegt die These zugrunde, daß mehr Wissen *über* die Sprache quasi automatisch zu einem besseren Beherrschen der Sprache führe.

rer, 1 Deutschlehrer: die Nennungen des Deutschlehrers werden in Klammern hinter die gesamten Nennungen gesetzt).

(Nennungen in absoluten Zahlen)

(1)	„Mehr Wissen über Sprache bedingt nicht besseres Beherrschen der Sprache"	7
(2)	„Belastung der Schüler durch überflüssige Theorien"	5
(3)	„Die verschiedenen linguistischen Theorien sind selbst innerhalb der Fachwissenschaft noch nicht genügend ausgearbeitet"	3
(4)	„Im Fremdsprachenunterricht: Förderung der sprachlichen und kommunikativen Kompetenz wichtiger als Wissen über die Sprache"	2
(5)	„Im Fremdsprachenunterricht: Überforderung der Schüler aufgrund geringer Sprachkenntnisse"	1

Tab. 47

Laut Punkt (1) und (2) wird die Vermittlung linguistischer Theorien als reiner Selbstzweck angesehen; die den meisten positiven Einschätzungen zugrunde liegende These (siehe Anm. 2, S.64) wird prinzipiell angezweifelt.

Im übrigen hatten 7 der hier in Frage kommenden 8 Lehrer auch konsequent keine linguistischen Themen behandelt. Ihre Ablehnung läßt sich also nicht auf Unterrichtserfahrungen zurückführen.

Der weitaus größte Teil der Lehrer, die Linguistik im Unterricht grundsätzlich befürworteten, hatte linguistische Themen behandelt. Es konnte kein entscheidender Einfluß der jeweiligen Schülerreaktionen auf die Einschätzungen der Lehrer nachgewiesen werden (Es kam häufig vor, daß Lehrer, deren linguistische Themen bei den Schülern auf Ablehnung gestoßen waren, die allgemeine Frage nach der Sinnhaftigkeit der Linguistik im Unterricht dessenungeachtet positiv beantworteten). Es handelt sich hier bei den Einstellungen der Lehrer also mehr um Vorentscheidungen/Überlegungen, die wahrscheinlich nur in geringem Maße durch die Unterrichtspraxis bedingt sind.

4.6.3 *Die Einstellung der Lehrer mit Kontaktstudium*

(Vergleich mit der Gesamtheit der erfaßten Lehrer hinsichtlich der Behandlung linguistischer Themen und der Einschätzung der Sinnhaftigkeit der Linguistik in der Schule)

(Nennungen in absoluten Zahlen und Prozent)

(a) *Linguistische Themen*

	Lehrer mit Kontaktstudium		Lehrer insgesamt	
Linguistische Themen behandelten	10	(76,9)	53	(58,9)
Keine linguistischen Themen behandelten	3	(23,1)	37	(41,1)
zusammen	13	(100,0)	90	(100,0)

Tab. 48 a

(b) *Einschätzung der Sinnhaftigkeit der Linguistik in der Schule*

„Halten Sie die Vermittlung linguistischer Theorien im Unterricht überhaupt für sinnvoll?" (Frage 12)

(Nennungen in absoluten Zahlen und Prozent)

Einschätzungen:	Lehrer mit Kontaktstudium		Lehrer insgesamt	
prinzipielle Befürwortung	9	(69,2)	48	(53,3)
Befürwortung eines Teilbereichs	1	(7,7)	4	(4,4)
prinzipielle Ablehnung	1	(7,7)	8	(8,9)
vorerst unentschieden	1	(7,7)	12	(13,3)
keine Angaben	1	(7,7)	18	(20,0)
zusammen	13	(100,0)	90	(100,0)

Tab. 48 b

Streng genommen, läßt dieser Vergleich keine sicheren Aussagen zu, da die Zahl der Lehrer mit Kontaktstudien zu gering ist. Man kann zwar feststellen, daß relativ mehr Lehrer mit Kontaktstudienkursen linguistische Themen im Unterricht behandelten, aber man kann nicht mit Sicherheit darauf schließen, daß dieser Sachverhalt gerade durch die Kontaktstudien bedingt wurde. Ähnliches trifft auch auf den Vergleich hinsichtlich der Einschätzung der Linguistik im Unterricht zu, obwohl auch hier auf den ersten Blick die Zahl der eindeutigen Befürwortungen bei den Lehrern mit Kontaktstudien wesentlich höher liegt als bei der Gesamtzahl der erfaßten Lehrer.

4.6.4 *Mögliches Votum der Fachkonferenz*

Die folgende Frage (Frage 12a) war als Kontroll- und Ergänzungsfrage zu Frage 12 gedacht: *„Welches Votum würde vermutlich Ihre Fachkonferenz abgeben?"*

Die Antworten der einzelnen Lehrer mußten natürlich umgerechnet werden auf die entsprechenden Fachkonferenzen. Eine Kontrolle der Antworten der Lehrer ein und derselben Fachkonferenz zeigte, daß die Einschätzungen nicht voneinander abwichen.

Erfaßt wurden *108* Fachkonferenzen an insgesamt *77* Schulen. Die Einschätzungen verteilten sich wie folgt:

(Nennungen in absoluten Zahlen und in Prozent)

Einschätzung[1] / Fach	überwiegend positiv	überwiegend negativ	unent- schieden	keine Angabe	insgesamt
Deutsch	8 (17,7)	17 (37,8)	15 (33,3)	5 (11,1)	45 (100,0)
Englisch	3 (8,6)	15 (42,9)	10 (28,6)	7 (20,0)	35 (100,0)
Französisch	2 (7,1)	9 (32,1)	12 (42,8)	5 (17,9)	28 (100,0)
insgesamt	13 (12,0)	41 (38,0)	37 (34,3)	17 (15,7)	108 (100,0)

Tab. 49

Nach „Deutsch" und „Fremdsprachen" gegliedert:

Einschätzung / Fächer	überwiegend positiv	überwiegend negativ	unent- schieden	keine Angabe	insgesamt
Deutsch	8 (17,7)	17 (37,8)	15 (33,3)	5 (11,1)	45 (100,0)
Fremdsprachen	5 (7,9)	24 (38,1)	22 (34,9)	12 (19,0)	63 (100,0)
insgesamt	13 (12,0)	41 (38,0)	37 (34,3)	17 (15,7)	108 (100,0)

Tab. 49 a

Das Ergebnis ist recht aufschlußreich. Es zeigt, daß unsere Vermutungen angesichts der niedrigen Rücklaufquote (vgl. S. 9) in hohem Maße bestätigt werden: daß die Quote der Befürwortung einer Vermittlung von Linguistik im Unterricht weitaus niedriger wäre, hätte man die gesamte in Frage kommende Lehrerschaft erfaßt.

1 Die Kategorien waren vorgegeben.

Der einzige deutlichere Unterschied zwischen den Einschätzungen der Fachkonferenzen für Deutsch und der für die Fremdsprachen findet sich in *Tab. 49 a* unter der Kategorie „überwiegend positiv". Mögliche Gründe für diese − in Maßen − geringere Bereitschaft der Fremdsprachenlehrer, linguistische Themen im Unterricht zu behandeln, wurden schon auf Seite 36 f. angedeutet und explizit in der Auflistung der Einschränkungen bzw. Begründungen zu dieser Problematik auf Seite 61 / 66 angeführt.

4.6.5 *Vorschläge zur Organisationsform und ihre Begründung*

Darstellung

Auf die entsprechende Frage „*Wenn Sie die Vermittlung von Linguistik im Unterricht für sinnvoll halten, geben Sie bitte an, in welcher organisatorischen Form (integriert oder in einem eigenständigen Kurs/Fach) dies geschehen sollte*" (Frage 13) antworteten insgesamt 56 Lehrer (davon 25 Deutsch-, 31 Fremdsprachenlehrer).

(Nennungen in absoluten Zahlen)

Organisationsform und Klassenstufen	Zahl der Lehrer		
	insges.	D	F
keine Angaben	34	20	27
ausschließlich integriert[1]	26	10	16
ausschließlich Unterrichtsreihe[3]	8	1	7[2]
ausschließlich Fach	1	−	1
integriert (U/M) *und* Reihe (O)[4]	14	11	3
integriert (alle Klassenstufen) *und* Reihe (alle Klassenstufen)	2	1	1
integriert (U) *und* Reihe (M/O)	1	1	−
Reihe (O) *und* Fach (O)	2	1	1
integriert (U/M) *und* Fach (O)	1	−	1
integriert (M) *und* Reihe (O) *und* Fach (O)	1	−	1
zusammen	90	45	58

Tab. 50

1 „ausschließlich integriert" war noch differenziert in:

	insg.	D	F
nur Oberstufe	7	2	5
alle Klassenstufen	19	8	11

In *Tab. 50* haben wir versucht, die Vorstellungen über die Organisations-
form des Linguistikunterrichts in sämtlichen angeführten Kombinationen zu
erfassen (zusätzlich noch differenziert nach Klassenstufen). Es fällt auf, daß
(nur) 3 Kombinationsmöglichkeiten die meisten Nennungen auf sich vereini-
gen, wobei die „ausschließlich integrierte" Unterrichtsform mit Abstand an
der Spitze liegt (= 46,4 %). Die ausschließliche Verwendung der organisatorischen Form der Unterrichtsreihe schlagen nur noch 14,3 % der Befragten vor.
Aus der Zahl der Kombinationen ist nur noch die Kompromißform „auf Un-
ter/Mittelstufe: integriert; auf Oberstufe: Reihe" mit 25 % der Nennungen
von einiger Bedeutung.

Stellt man die Angaben getrennt und als Mehrfachnennungen dar, ergibt
sich folgendes Bild:

(Nennungen in absoluten Zahlen)

Organisationsform	insges.	D	F
integriert auf Unter-/Mittelstufe	38	21	17
integriert auf Oberstufe	26	10	16
Reihe auf Unter-/Mittelstufe	3	2	1
Reihe auf Oberstufe	28	15	13
Fach auf Oberstufe	5	1	4

Tab. 50a

Die starke Betonung der integrierten Form korrespondiert eindeutig mit
den vorher gemachten Beobachtungen, daß die Vermittlung von Linguistik
an der Schule von den meisten Befragten nur dann als sinnvoll und motivie-
rend angesehen wird, wenn die Themen/Probleme konkret aus dem
Unterricht hervorgehen (vgl. u. a. Einschränkung (1) in Tab. 44). Erst auf der
Oberstufe halten es einige Lehrer für sinnvoll, linguistische Themen unmit-
telbarer und theoriebezogener in einer Unterrichtsreihe zu behandeln. Allerdings steht dem fast die gleiche Zahl der Nennungen gegenüber, in denen auch
auf der Oberstufe die integrierte Form vorgezogen wird.

2   3 von den 7 Fremdsprachenlehrern gaben an, daß der Unterricht über linguistische
    Themen auf Deutsch gehalten werden sollte.
3   Bei „ausschließlich Unterrichtsreihe" wurde *nur* Oberstufe angegeben.
4   U = Unterstufe; M = Mittelstufe, O = Oberstufe

Begründung:

(a) Als Begründung für eine *ausschließlich integrierte Unterrichtsform* wurde angeführt:
- „Behandlung linguistischer Themen muß anhand konkreter Sprachprobleme erfolgen" 8
- „Kleinere Einheiten im Rahmen einer integrierten Unterrichts- form laufen weniger Gefahr, Aufmerksamkeit und intellektuelle Leistungsfähigkeit der Schüler zu überfordern" 4
- „Längere Unterrichtsreihen bzw. Kurse zu ermüdend" 1

Als Begründung für die Behandlung linguistischer Themen aus- schließlich auf der *Oberstufe (im Rahmen der integrierten Form)* wurde genannt:
- „Erst auf der Oberstufe hinreichendes Abstraktionsvermögen und Fähigkeit zu logischem Denken vorhanden" 2

(b) Als Begründung für die Kombination *‚integrierte Unterrichtsform auf Unter-/Mittelstufe und Unterrichtsreihe auf der Oberstufe'* wurde genannt:
1. für die *integrierte Form auf Unter-/Mittelstufe:*
- „Kleinere Einheiten im Rahmen einer integrierten Unterrichts- form laufen weniger Gefahr, Aufmerksamkeit und intellektuelle Leistungsfähigkeit der Schüler zu überfordern" 5
2. für *Unterrichtsreihe auf Oberstufe:*
- „Wissenschaftspropädeutik auf Oberstufe notwendig" 5
- „Erst auf Oberstufe hinreichendes Abstraktionsvermögen und Fähigkeit zu logischem Denken vorhanden" 3

(c) Für die Entscheidung für *„ausschließlich Unterrichtsreihe"* wurden keine Begründungen gegeben.

(d) Als Begründung für *„eigenständiges Fach bzw. Kurs"* wurde genannt:
- „Fächerübergreifende Thematik" 2
- „Wissenschaftspropädeutik auf Oberstufe notwendig" 1

(e) Explizit abgelehnt wurde ein *eigenständiges Fach* „Linguistik" (bzw. eigenständige Kurse) von 10 Lehrern. Begründungen hierzu:
- „Zu wissenschaftlich/theoretisch, einseitig auf reine Theorie- vermittlung ausgerichtet" 7
- „Zu große Differenzierung in verschiedene Unterrichtsfächer" . . . 1

Zwar bestätigen die leider nicht allzu zahlreichen Begründungen die in den Tab. 50 und 50 a ablesbaren Einstellungen der Lehrer, doch sollte man unserer Meinung nach bei der Interpretation berücksichtigen, daß die Entscheidungen für die jeweilige Unterrichtsform nicht sehr überzeugend begründet werden.

So wird gegen die Unterrichtsreihe (und für die integrierte Form) eigentlich nur das Argument der Motivation der Schüler („geringe Belastbarkeit", „Überforderung der Schüler" usw.) angeführt, obwohl dieses didaktische Problem prinzipiell auch für eine längere Unterrichtsreihe gelöst werden kann und muß. Gleiches trifft zu auf die Forderung „Behandlung linguistischer Themen muß anhand konkreter Sprachprobleme erfolgen", da dies ebensogut (und bei geschickter Abstimmung mit den anderen in Frage kommenden Unterrichtsfächern) auch im Rahmen einer eigenständigen Unterrichtsreihe oder in einem selbständigen Fach erfüllt werden kann. Das Argument der „auf der Oberstufe notwendigen Wissenschaftspropädeutik" wiederum kann nicht als hinreichende Begründung für eine eigenständige Unterrichtsform (und gegen die integrierte Form) akzeptiert werden.

5. Perspektiven

5.1 Forderungen der Praxis an Fachwissenschaft und Fachdidaktik

Die entsprechende („offene") Frage *„Welche konkreten Forderungen würden Sie aufgrund Ihrer Unterrichtserfahrungen an die fachwissenschaftliche und fachdidaktische linguistische Forschung stellen?"* (Frage 14) wurde von 51 Lehrern beantwortet. Eine relativ große Zahl der Befragten (43,3 %) machte hierzu leider keine Angaben.

Unsere Intention war zu erfahren, welche grundlegenden wissenschaftlichen Probleme im Zusammenhang mit der Einführung der Linguistik in den Unterricht gesehen und welche daraus resultierenden Forderungen an die wissenschaftliche und didaktische Grundlagenforschung gestellt wurden. Streng genommen gehen aber nur die Antworten unter (I) unmittelbar auf diese spezifische Frageintention ein. Der hohe prozentuale Anteil der restlichen Angaben läßt jedoch wichtige Schlüsse auf die konkrete Bedürfnislage der angesprochenen Lehrer zu.

Aus Gründen der besseren Übersichtlichkeit haben wir das gesamte Antwortspektrum nach fünf allgemeineren Kategorien gegliedert:

Mehrfachnennungen
(Nennungen in absoluten Zahlen und in Prozent (Basis 51))

(I)   *PRAXISBEZOGENERE FORSCHUNG* 33 (64,7)
    Darunter fallen:
    (1) „Aufweisen der praktischen Brauchbarkeit der Linguistik,
        im schulischen und außerschulischen Bereich" 11 (21,6)
    (2) „Praxisbezogenere Forschung", unspezifiziert 8 (15,7)
    (3) „Erforschung des Zusammenhangs Kenntnis –
        Beherrschung" 4 (7,8)
    (4) „Bereitstellen konkreter anwendbarer Ergebnisse" . 4 (7,8)
    (5) „Einbeziehung lernpsychologischer Gesichts-
        punkte" 3 (5,9)
    (6) „Wissenschaftstheoretische Reflexion des Anspruchs
        und der Grenzen der Linguistik" 2 (3,9)
    (7) „Erarbeitung einer pädagogischen Grammatik" . . . 1 (2,0)

(II) *KONKRETE HILFESTELLUNGEN FÜR DEN LEHRER* 43 (84,3)
    Darunter fallen:
    (1) „Unterrichtsmaterialien/-modelle, Curricula" 31 (60,8)
    (2) „Materialien zur Fortbildung des Lehrers"[1] 12 (23,5)

(III) *TERMINOLOGISCHE VEREINHEITLICHUNG* 7 (13,7)

Tab. 51

    Klar an der Spitze stehen die Forderungen nach konkreten Hilfestellungen. Hier drückt sich (unter Punkt II 2) wieder der schon öfters festgestellte Nachholbedarf an linguistischen (vor allem natürlich anwendungsorientierten) Kenntnissen aus. Der hohe Prozentsatz an Forderungen nach Unterrichtsmaterialien darf wohl dahingehend interpretiert werden, daß (a) die Zahl/Qualität der vorhandenen Materialien nicht ausreicht (vgl. Kap. 4.4, S. 45 ff.) und (b) die vorhandenen linguistischen Kenntnisse – verbunden mit dem in den Fragebögen oft genug beklagten Zeitmangel – zur Erstellung eigenständiger Materialien kaum ausreichen. Allerdings dürfen die zahlreichen Forderungen nach Unterrichtsmodellen nicht in dem Sinne verstanden werden, als wollten sich die in Frage kommenden Lehrer mit der Rolle reiner „Rezeptanwender" begnügen. Diese Vermutung läßt sich angesichts der Ergebnisse des folgenden Kapitels 5.5 nicht bestätigen: eine große Zahl der Befragten ist grundsätzlich bereit, sich an der Erarbeitung von Materialien zu beteiligen.

    An zweiter Stelle steht – mit sehr differenzierten Vorstellungen – die allgemeine Forderung nach praxisbezogener Forschung. Leider bleibt hier ein relativ hoher Anteil der Antworten unspezifiziert und kann nicht weiter ausgewertet werden. Die höchste Zahl der Nennungen unter dieser Grobkategorie, die Forderung nach Aufweis der praktischen Brauchbarkeit, korrespondiert wieder mit den schon öfter festgestellten Kritikansätzen gleicher Zielrichtung (vgl. Kritik an Unterrichtsmaterialien, Begründung der Schülerreaktionen usw.). In engem Zusammenhang hiermit sind die Punkte (3), (4) und (6) zu sehen, in denen präzisere und weitergehende Forderungen bzw. Fragestellungen formuliert werden und in denen sich eine nicht zu übersehende Skep-

---

1 Darunter fallen Angaben wie: „Spezieller Überblick über linguistische Strömungen für Lehrer", „Kritische Bibliographien zu fachdidaktischen Materialien", „Leistungsvergleich traditionelle Grammatik – neuere Grammatikmodelle", „Kriterien zur Beurteilung von Sprachlehrwerken", „Linguistisches Textanalyseinstrumentarium" u. a.

2 „Beschränkung der linguistischen Modelle im Schulgebrauch", „bessere Beispiele", „besseres Übungsmaterial".

sis gegenüber der Nützlichkeit der Linguistik dokumentiert. Die Kategorie (IV) taucht hier nur mit erstaunlich wenigen Nennungen auf, was jedoch nicht heißt, daß diesem Aspekt allgemein wenig Bedeutung zugemessen wird, da die entsprechende Problematik schon in einem anderen Zusammenhang (Kap. 3.5.3, S. 31ff.) in stärkerem Maße berücksichtigt wurde. Vor allem Forderung (IV 3) wird im folgenden Abschnitt erheblich in den Vordergrund gerückt. Hier zeigt sich im übrigen wieder eine der vielen Schwächen der „offenen Frage": das Problemfeld wird von den Befragten selten als Ganzes erfaßt; es werden vielmehr — in den meisten Fällen zumindest — nur die Aspekte angesprochen, die jeweils als besonders dringlich erscheinen, während andere, oft nicht weniger wichtige Aspekte vernachlässigt werden, obwohl sie dem Bewußtsein des Befragten präsent sind und bei einer ausführlicheren Beantwortung angemessen berücksichtigt würden.

5.2 Möglichkeiten der Kooperation von Hochschule und Schule

Die Frage lautete: *„Halten Sie es für sinnvoll, wenn Deutsch- und Fremdsprachenlehrer an der Entwicklung linguistischer Curricula unmittelbar beteiligt werden? Wenn ja, in welcher Form sollte dies Ihrer Meinung nach geschehen?"* (Frage 15)

Vorgegeben waren die Kategorien: „(a) auf speziellen Tagungen, (b) durch Erprobung von Materialien, (c) durch Erarbeitung vn Materialien, (d) weitere Vorschläge"

(Nennungen in absoluten Zahlen und in Prozent)

Ja	75	(83,3)
Nein	2	(2,2)
Unentschieden	1	(1,1)
k. A.	12	(13,3)
insgesamt	90	(100,0)

Tab. 52

Erfreulich hoch ist hier der Anteil der Lehrer, die sich für eine Teilnahme von Schulpraktikern an der Entwicklung linguistischer Curricula aussprechen. Er liegt sogar noch höher als der Anteil der Lehrer, die sich grundsätzlich für eine Vermittlung linguistischer Theorien ausgesprochen haben.

Zur *organisatorischen Form* dieser Lehrermitarbeit:

Mehrfachnennungen
(Nennungen in absoluten Zahlen und in Prozent)

auf speziellen Tagungen	55	(61,1)
durch Erprobung von Materialien	66	(73,3)
durch Erarbeitung von Materialien	39	(43,3)
weitere Vorschläge[1]	6	(6,7)
k. A.	12	(13,3)

Tab. 53

Der Anteil der vorgeschlagenen *aktiven* Mitarbeit unter der Kategorie „durch Erarbeitung von Materialien" liegt zwar noch unter dem der „Erprobung von Materialien" und der „Teilnahme an Tagungen", ist aber gegenüber der Basis 90 mit 43,3 % noch überraschend hoch. Wenn „Erprobung" bedeutend öfter als „Erarbeitung" genannt wird, liegt das wohl daran, daß die Betreffenden angesichts ihrer eigenen Erfahrungen die für eine sinnvolle Mitarbeit an der Erstellung von Unterrichtsmaterialien nötigen linguistischen Kenntnisse der meisten Lehrer für zu gering halten. Die weiteren Vorschläge von Seiten der Lehrer weisen mehr auf organisatorische Möglichkeiten hin, deren Realisierbarkeit in unterschiedlichem Maße gegeben ist, die aber insgesamt Auswege aus der gegenwärtigen didaktischen Misere darstellen könnten und die wir auch in unseren weiterführenden Überlegungen am Schluß der Untersuchung berücksichtigt haben.

Noch aussagekräftiger sind die Antworten auf die Frage „*Wären Sie bereit, sich an entsprechenden Aktivitäten zu beteiligen?*" (Frage 16)

Das Ergebnis lautet:

(Nennungen in absoluten Zahlen und in Prozent)

1 Hierunter fallen:
   – „Engere Verbindung zur Hochschule"
   – „Zentrale Sammel- und Kontaktstelle für Fragen und Probleme des Linguistikunterrichts"
   – „Gemeinsame Durchführung von Unterrichtsprojekten"
   – „Freistellung von Lehrern zur Erarbeitung von Unterrichtsmaterialien"
   – „Größeres Angebot an Veranstaltungen zur Einarbeitung in die Linguistik bzw. zur Weiterbildung"
   – „Unterrichtsbesuche der Fachwissenschaftler"
   – „Erprobung von Unterrichtsmaterialien durch Fachwissenschaftler"
   – „Bessere Informierung der Fachkonferenzen oder Kollegien"

ja	38	(42,2)
nein	4	(4,4)
ja mit Einschränkung	22	(24,4)
eingeschränkt nein	12	(13,3)
k. A.	14	(15,6)
insgesamt	90	(100,0)

Tab. 53a

Die Antworten, die wir unter die Kategorien „ja mit Einschränkung" und „eingeschränkt nein" rechneten, laufen im Grunde auf die gleiche Einstellung hinaus. Unter „ja mit Einschränkung" fallen Angaben wie „ja, wenn man mir Gelegenheit gibt, linguistische Kenntnisse aufzuarbeiten", „bei Freistellung vom Unterricht bzw. bei spürbarer Entlastung ja" u. a.; unter „eingeschränkt nein" fallen Antworten wie „wegen Zeitmangel nein", „nein aufgrund zu großer Belastung", „nein, da linguistische Kenntnisse zu gering". Wir haben die Kategorien bei der Darstellung getrennt gelassen, weil die Antworten der Formulierung nach verschieden sind; in der Interpretation muß aber berücksichtigt werden, daß zum größten Teil gleiche Sachverhalte angesprochen sind.

Ein detaillierter Vergleich der Antworten auf die Frage nach der Sinnhaftigkeit der Linguistik im Unterricht (Kap. 4.6. S. 55 ff.) mit den hier dargestellten Angaben zur Kooperationsbereitschaft führte zu einem überraschenden Ergebnis:

Während die Lehrer, die vorher die Vermittlung linguistischer Theorien prinzipiell befürwortet hatten, dementsprechend auch fast ausnahmslos die Kooperation Schule — Hochschule für sinnvoll hielten und in hohem Maße ihre persönliche Kooperationsbereitschaft bekundeten, antworteten die 8 Lehrer, die vorher ihre grundsätzliche Ablehnung der Linguistik im Unterricht dokumentiert hatten und von denen man folglich eine Bereitschaft zur Mirarbeit an der Erstellung linguistischer Curricula nicht erwartet hätte, wie folgt:

keine Angaben machten	1
Teilnahme von Lehrern an der Entwicklung linguistischer Curricula hielten für sinnvoll	7
Teilnahme hielten nicht für sinnvoll	o
Teilnahme in Form von: (Mehrfachnennungen)	
— speziellen Tagungen	4
— Erprobung von Materialien	5
— Erarbeitung von Materialien	5

„Wären Sie bereit, sich an entsprechenden Aktivitäten zu beteiligen?"

keine Angaben 1
ja 4
nein . . . . o
ja mit Einschränkung 2
eingeschränkt nein 1

Letzteres Ergebnis läßt darauf schließen, daß die in Tab. 43, 43a, 45 u. 45a dargestellten Ablehnungen doch nicht so entschieden und prinzipiell zu verstehen sind, wie man zunächst hätte annehmen können.

Insgesamt zeigt die Auswertung der beiden letzten Fragen eine erfreulich hohe Bereitschaft, aktiv an curricularen und didaktischen Fragen mitzuarbeiten; andererseits werden hier aber auch wieder die gravierendsten Hinderungsgründe sichtbar: Zeitmangel, Überlastung und unzureichende linguistische Ausbildung.

6. Kritische Zusammenfassung

Folgende auch in der aktuellen Situation relevanten Ergebnisse lassen sich festhalten:[1]

(1) Die Zahl der heute tätigen Sprachlehrer ohne jegliche linguistische Ausbildung hat in den letzten Jahren im Zuge des starken Zuwachses von linguistischen Lehrveranstaltungen an den Hochschulen deutlich abgenommen.

(2) Die linguistische Ausbildung dieser Lehrer ist jedoch lückenhaft und heterogen. Sie findet immer noch an verschiedenen Institutionen auf unterschiedliche Weise statt. Die einzelnen Phasen der Ausbildung und ihre Inhalte sind kaum aufeinander abgestimmt.

(3) Diese defizitäre Ausbildung steht im Widerspruch zu den in den neuen Richtlinien/Unterrichtsempfehlungen gestellten linguistischen Anforderungen.

(4) Die Lehrer versuchen, die unzureichende linguistische Ausbildung in Hochschule und Referendariat durch Eigeninitiativen vorwiegend in Form von Selbststudien zu kompensieren. Dies trifft für die von uns erfaßten Lehrer in noch höherem Maße für die Deutsch- als für die Fremdsprachenlehrer zu. Der Anteil der Lehrer, die ihre linguistische Ausbildung ausschließlich im Selbststudium erworben haben, ist erstaunlich hoch.

(5) Innerhalb der Weiterbildungsaktivitäten der Sprachlehrer steht das Selbststudium deshalb im Vordergrund, weil systematisch organisierte und an *praktischen* Problemen orientierte Lehrerfortbildung und Kontaktstudien nicht/kaum angeboten werden. Diese werden von den Lehrern zur Beseitigung ihrer linguistischen Defizite mit Nachdruck gefordert. Für ihre Realisierung machen sie konkrete Vorschläge.

(6) Für alle Phasen gilt, daß die „systemlinguistische" Ausbildung eine dominante Rolle spielt. Dies trifft auch für das Selbststudium zu, in dem vielfach versucht wird, den systemlinguistischen Nachholbedarf einigermaßen zu decken.

(7) Die linguistische Ausbildung ist nicht ausreichend praxisorientiert. Das zeigt sich u. a. daran, daß Bereiche/Themen wie z. B. „Linguistik und Didaktik", „Soziolinguistik" („Sprache im sozialen Kontext"), „Psycholinguistik" („Spracherwerb"), „Sprache und kommunikatives Handeln" nur unzureichend berücksichtigt werden.

(8) Diese die Schule interessierenden Bereiche haben im Selbststudium

---

1 Vgl. zu den methodischen Einschränkungen und zur Basis der Untersuchung die Anmerkungen Kap. 2.

einen ungleich höheren Stellenwert als in der Hochschulausbildung und sogar im Referendariat.

(9) Ohne systematische Organisation, gezielte Anleitung und angesichts der hohen Unterrichtsbelastungen stellt das Selbststudium eine Überforderung für den Lehrer dar und ist nur ein Notbehelf. Es ist weitgehend auf das Studium von disparater Fachliteratur, deren Auswahlkriterien nicht durchsichtig werden, und neuen, qualitativ sehr unterschiedlichen Unterrichtswerken beschränkt. Realität und Vorschläge für ein sinnvolles Selbststudium gehen weit auseinander.

(10) Die Rezeptionsreihenfolge „Systemlinguistik", „kommunikationsorientierte Linguistik", „gesellschaftsbezogene Linguistik" im Ausbildungs- und Fortbildungsbereich spiegelt sich mit der entsprechenden Zeitverzögerung auch in der Wahl linguistischer Themen im Sprachunterricht wieder. Im Schulbereich ist jedoch generell eine stärkere Hinwendung zu Bereichen/Themen wie z. B. „Sprache und Kommunikation", „Sprache im sozialen Kontest" festzustellen. Dies trifft vor allem für den Deutschunterricht zu. Im Fremdsprachenunterricht sind der Durchführung von linguistischen Themen aufgrund fehlender sprachlicher Kompetenzen bei den Schülern Grenzen gesetzt, was sich in der niedrigeren Frequenz der im Unterricht behandelten Themen ausdrückt. Dies zeigt sich auch daran, daß die Neigung der Fremdsprachenlehrer, sich in den genannten Bereichen im Selbststudium weiterzubilden, nicht so groß ist wie bei den Deutschlehrern.

(11) Nach dem in den meisten Fällen auf eigenen Unterrichtserfahrungen beruhenden Urteil der befragten Lehrer wird die Oberstufe — wenn überhaupt — als der geeigneteste Ort zur expliziten Behandlung von linguistischen Themen angesehen. In der Wahl der Themen halten sich im Rahmen der Befragung systemlinguistische und das Sprachsystem überschreitende Fragestellungen die Waage.

(12) Die überwiegende Mehrheit der Lehrer lehnt eigenständige Linguistikkurse ab und votiert dafür, daß linguistische Themen integriert im traditionellen sprachlichen Fachunterricht behandelt werden.

(13) Was die Möglichkeiten der Behandlung linguistischer Themen im Sprachunterricht anbetrifft, sind die skeptischen Einschätzungen der Lehrer, die hinsichtlich des Fremdsprachenunterrichts besonders groß sind, wesentlich durch die sowohl aus didaktisch-methodischer, didaktisch-curricularer und fachwissenschaftlicher Perspektive als mangelhaft beurteilten Umsetzungsversuche und -vorschläge bedingt. Ähnliches trifft auf die zum größten Teil negativen Reaktionen der Schüler auf systemlinguistisch orientierte Themen zu.

(14) Der größte Teil der erfaßten Lehrer befürwortet — im Gegensatz zu den negativen Voten der Fachkonferenzen — die Behandlung linguistischer

Themen im Unterricht, macht diese Befürwortung z. T. von einer Reihe von Bedingungen abhängig, zu denen als wichtigste die didaktische Durchführung und der Nachweis der Anwendbarkeit der Linguistik auf konkrete Unterrichtsprobleme gehören. Dabei werden große Hoffnungen auf den Nachweis gesetzt, daß Wissen über Sprache die Beherrschung von Sprache entscheidend verbessern könne.

(15) Die Lehrer fordern von Fachwissenschaft und Fachdidaktik vor allem konkrete Hilfestellungen für den Unterricht, eine praxisbezogenere Forschung, Bemühungen um eine terminologische Vereinheitlichung linguistischer Theorieansätze und die Realisierung eines praxisbezogenen Lehrerausbildungskonzepts. Dazu geben sie sowohl organisatorische als auch inhaltliche Anregungen.

(16) Das Angebot vieler Lehrer im Hinblick auf eine engere Kooperation mit der Hochschule beschränkt sich nicht nur auf eine Bereitschaftserklärung zur Erprobung von Unterrichtsmaterialien. Sie bieten darüberhinaus an, trotz Zeitmangel, Überlastung und unzureichendem linguistischen Ausbildungsstand an der Entwicklung von Unterrichtsmaterialien mitzuarbeiten.

Bestimmte durchgängige Auffassungen erscheinen in mehreren Antwortkomplexen und sollen hier noch einmal gesondert hervorgehoben werden. Gleichzeitig sollen aus unserer Sicht der Dinge Relativierungen der dargestellten Positionen ansatzweise vorgenommen werden, da es unserer Meinung nach nicht ausschließliche Aufgabe einer derartigen empirischen Untersuchung sein kann, bestehende Tendenzen lediglich zu registrieren und als empirisch gegeben hinzunehmen.

(1) Als wesentlich wird von den Befragten vor allem die didaktische Aufbereitung linguistischer Themen angesehen. Die entsprechenden Einstellungen zeigen sich in der Beurteilung der Unterrichtsmaterialien (Kap. 4.4), in der Einschätzung der Schülerreaktionen (Kap. 4.5), in der Einschätzung der Sinnhaftigkeit der Linguistik (Kap. 4.6) und in den Vorschlägen zur organisatorischen Form des linguistisch orientierten Unterrichts (Kap. 4.6.5):

Gefordert wird vor allem ein Unterricht, der an den Erfahrungen der Schüler im schulischen und außerschulischen Bereich anknüpft. Die zu thematisierenden Probleme sollen anschaulich und verständlich sein. Linguistik als Disziplin, die die sprachlich-kommunikativen Erscheinungen und Vorgänge erfaßt und in einen begrifflich-theoretischen Rahmen stellt, soll daher erst im nachhinein, nach Demonstration des konkreten Problemfeldes als zur Systematisierung und Erklärung notwendig vorgestellt werden (vgl. entsprechende Formulierungen: „Linguistik soll nicht aufgesetzt sein", „Linguistik soll nicht als Selbstzweck verstanden werden" u. a. m.). Der Gesichtspunkt der den Schülern *einsehbaren* Anwendbarkeit der Linguistik wird dementsprechend immer wieder in den Vordergrund gestellt. Aber auch den Lehrern ist Nutzen und Anwendbarkeit der Linguistik oft nicht klar, wie vor allem in Tab. 42, 44 und 51 (I) zu sehen ist. Diese Unsicherheit bezieht sich vorwiegend auf systemlinguistische Methoden und Inhalte. Dieser positiv beurteilten Anwendbarkeit der Linguistik (sofern sie „einsehbar" ist) wird oft als negative Kehrseite der theoretische Charakter bestimmter linguistischer Fragestellungen bzw. „Theorie" ganz allgemein gegenübergestellt.

Wir wollen unseren Eindruck nicht verhehlen, daß bei einigen Lehrern ein etwas einseitiges Verständnis von „Theorie" vorzuliegen scheint (vgl. Formulierungen wie „Intellektuelle Überforderung der Schüler durch Theorien und Terminologien", „Kein Interesse für Theorie bei Schülern vorhanden" oder „Thematik zu theoretisch, nicht anschaulich genug"). Natürlich müssen die behandelten Phänomene anschaulich sein und in einen Zusammenhang zum Erfahrungsbereich der Schüler gebracht werden; das darf aber nicht gleichzeitig bedeuten, daß Theorie dann überflüssig wird, da die anschauliche Darstellung bestimmter Phänomene und Zusammenhänge allein schon ausreiche. Die weitere Verarbeitung der Fakten in theoretische Zusammenhänge und die Versuche, diese Ordnungen auch terminologisch eindeutig darzustellen, müssen notwendig folgen. Theoretische Arbeit auch im Unterricht läßt sich wohl kaum vermeiden, will man sich nicht darauf beschränken, den Schülern lediglich „Geschichten zu erzählen". Theorie muß nicht gleichzeitig „abstrakt" sein und braucht die Schüler nicht unbedingt „intellektuell zu überfordern" oder „zu verwirren". Diese Möglichkeiten sind zwar immer gegeben, können aber prinzipiell vermieden werden. Es ist zu vermuten, daß diese Negativeinschätzungen theoretischer Arbeit zum Teil auf schlechte Erfahrungen der Lehrer mit „Theorie" in ihrem eigenen Studium zurückzuführen sind, die selbst wiederum durch Undurchschaubarkeit des Studienstoffes, mangelhafte Hochschuldidaktik usw. bedingt waren. Demgegenüber ist eine Konzeption von Lehrerausbildung vorzuziehen, die die verkürzte Vorstellung „Theorie = abstrakt = inhaltsleer = für Schüler nicht geeignet" gar nicht erst aufkommen läßt. Hier zeigt sich deutlich, daß ein nicht zu unterschätzender Zusammenhang zwischen Schul- und Hochschuldidaktik besteht, der im Rahmen einer sinnvollen Neugestaltung der Lehrerausbildung stärker berücksichtigt werden sollte. Daneben erfordert eine angemessene theoretische Arbeit im Schulunterricht gleichzeitig geeignetere Unterrichtsmaterialien und nicht zuletzt natürlich auch didaktisches Können.

Den genannten didaktischen Vorstellungen der Lehrer entspricht die auffällige Bevorzugung der „integrierten" Unterrichtsform sowie der größte Teil der an den linguistisch orientierten Sprachbüchern geübten Kritikpunkte.

(2) Eine weitere durchgängig festzustellende Einstellung stellt die von einem großen Teil der Lehrer geäußerte Skepsis gegenüber der praktischen Anwendbarkeit der Linguistik dar, eine Skepsis, die sich sowohl in den Begründungen der Schülerreaktionen als auch in den Einschätzungen der Linguistik im Unterricht und in den Forderungen an die Fachwissenschaft und Fachdidaktik artikuliert. Diese zurückhaltende Einstellung kann einerseits auf eine mangelnde Kenntnis der Linguistik oder auf eine konservative Haltung gegenüber modernistisch anmutenden Bestrebungen zurückgeführt werden, andererseits aber auch auf eine durchaus realistische Einschätzung der Verwendungsmöglichkeiten der meisten für den Unterricht propagierten Modelle. Eine mögliche Konsequenz wäre, als Zielvorstellung weniger die Vermehrung der Zahl linguistischer Unterrichtsthemen und linguistisch ausgerichteter Unterrichtsmaterialien anzusehen, sondern vielmehr den Schwerpunkt der fachdidaktischen Forschung vorrangig auf den Nachweis der *tatsächlichen* Effizienz der Linguistik zur Bewältigung von Lebenssituationen zu richten.

(3) Die Bereitschaft vieler Lehrer, an der Erprobung und sogar Erarbeitung von Curricula und Unterrichtsmaterialien mitzuarbeiten, korrespondiert mit der öfters in Begleitschreiben und in Nebensätzen formulierten Kritik an der Tatsache, daß Schulpraktiker als unmittelbar Betroffene zu wenig an den sie direkt angehenden Aktivitäten beteiligt werden. Hieraus läßt sich wohl auch die weit verbreitete distanzierte Haltung gegenüber den in den neueren Richtlinien vertretenen Konzeptionen erklären, die von ihnen konsequenterweise als aufoktroyiert verstanden werden. (Vgl. hierzu Formulierungen wie „Schließlich bin ich mit der Art ‚deduktiver Demokratie' (oder besser: demokratischen Zentralismus?), wie sie im Falle der Richtlinienentwürfe geübt worden ist, keineswegs einverstanden: Ich wäre lieber *vor* der Abfassung dieser Entwürfe nach meinen Erfahrungen aus der Schulwirklichkeit befragt worden, anstatt jetzt z. T. praxisferne Lernziele von einer diskutablen Kleinst-Elite von Theoretikern verordnet zu bekommen ..." „Nach meiner und vieler meiner Berufskollegen Ansicht kann ich Ihnen und behördlichen Institutionen den Vorwurf nicht ersparen, daß manche Ihrer Ideen und Modelle völlig an den Möglichkeiten der Schulpraxis vorbeigehen." „Was von den Richtlinien-Empfehlungen dem Schulalltag aufgestülpt werden soll, hat auf weiten Bereichen — ich denke besonders an das Fach Deutsch — die Schwelle von wissenschaftlichem Anspruch zu pseudowissenschaftlicher Hochstapelei überschritten! Diese Einsicht beruht nicht nur auf theoretischer, sondern auch auf praktischer Erkenntnis und wird von den Schülern sogar eines interessierten Leistungskurses Deutsch geteilt.")

(4) Häufig erscheint auch die zum Teil berechtigte Kritik an der Tatsache, daß oft zu viele linguistische Theorien mit ihren spezifischen Terminolo-

gien in den Unterricht eingeführt werden, ein Umstand, der zum einen durch die Einführung einer großen Zahl verschiedener Sprachbücher bedingt ist, zum anderen aber sich auch darin äußert, daß oft verschiedene Theorien/Terminologien in einem Sprachbuch verarbeitet sind.

Daß dieser Sachverhalt, ob man ihn als Eklektizismus oder falsch verstandenen Pluralismus bezeichnet, aus didaktischer Perspektive negativ zu bewerten ist, dürfte allgemein akzeptiert sein. Allerdings sollte auch gesehen werden, daß diese Fülle verschiedener Theorieansätze und dementsprechend verschiedener Terminologien auf der fachwissenschaftlichen Ebene notwendiger Ausdruck der augenblicklichen Wissenschaftsentwicklung und folglich bis auf bestimmte Auswüchse unumgänglich ist. Die Ursachen für die oft leichtfertige Theorien-/Terminologienverwässerung und -vermischung in den Sprachbüchern liegen zu einem guten Teil bei denen auf Kontrastierung, Profilierung und schnelles Erscheinen bedachten Produzenten und Verfassern von Unterrichtsmaterialien. Dieses ausschließlich am individuellen Prestige und materiellen Gewinn orientierte Verfahren läßt eine wissenschaftlich abgesicherte, notwendigerweise langfristige didaktische Planung und Erprobung nicht zu. Eine sich daraus ergebende koordinierte Publizierung zum Nutzen der Schüler und Lehrer ist damit nicht möglich.

Es wurden im Zuge der vorschnellen und oft wenig reflektierten Einführung linguistischer (Teil-)Theorien in den Unterricht besonders hinsichtlich einer angemessenen Auswahl und didaktischen Reflexion gravierende Fehler gemacht. Hinzu kommt vor allem, daß durch diese Fehler zum Teil irreparable Schäden angerichtet wurden, da das Lehrerbewußtsein als entscheidender Faktor sträflich vernachlässigt wurde. Durch diese Fehler hat sich vermutlich die Einstellung bei vielen Lehrern zur Nützlichkeit und Verwendbarkeit der Linguistik dahingehend verändert bzw. verfestigt, Linguistik selbst dann zu meiden, wenn tatsächlich sinnvolle Anwendungsmöglichkeiten sichtbar werden. Mit anderen Worten: eine solche didaktische Fehlentwicklung ist nicht mehr einfach dadurch korrigierbar, daß Fehler beseitigt werden und angemessenere linguistische Beiträge für den Unterricht entwickelt werden, sondern es sollte in Zukunft gewährleistet sein, daß ähnlich negative Entwicklungen nicht mehr stattfinden können. Dazu reicht es auch nicht aus, systemlinguistische Ansätze durch „moderne" kommunikationstheoretische, soziolinguistische und/oder pragmalinguistische Inhalte zu erweitern bzw. zu ergänzen (vgl. *Hoppe* 1974, *Wunderlich* 1975). Linguistische Inhalte und Denkweisen für den Schulunterricht, die das dort zum großen Teil verlorengegangene Vertrauen in die Linguistik zurückgewinnen sollen, müßten nicht nur den letzten Stand fachwissenschaftlicher Forschung widerspiegeln, sondern gleichzeitig an schulischen und gesellschaftlichen Bedürfnissen und Erfordernissen orientiert sowie auf ihren praktischen Wert und ihre Durchführbarkeit ständig

überprüft und korrigiert werden. Eine Konsequenz daraus kann und muß
unserer Meinung nach die stärkere Einbeziehung von im Beruf und in der Ausbildung stehenden Lehrern in die Erstellung und Erprobung von Curricula,
Richtlinienentwürfen und Unterrichtsmaterialien sein.

7. Mögliche Konsequenzen: „Pädago-Linguistik"

Wie unsere Befragung deutlich gezeigt hat, befinden sich staatliche Lehrerfortbildung und Kontaktstudium in einem desolaten Zustand. Insgesamt ist die Lehrerausbildung immer noch durch eine fehlende/unzureichende Beziehung zwischen Theorie und Praxis gekennzeichnet, die die notwendige wissenschaftliche Erprobung neuer theoretischer Konzepte in der Praxis verhindert bzw. sehr erschwert. Dieser Mangel ist durch neue Lehrerausbildungsgesetze (z. B. *NRW* 1974) auf unabsehbare Zeit durch die Trennung in eine theoretische Ausbildung (Hochschule) und ein Praxistraining (Referendariat) festgeschrieben. Bis auf wenige Ausnahmen sind Praktiker nicht an der Theoriephase, Theoretiker nicht an der Praxisphase beteiligt. Diese rigide Trennung hat zur Folge bzw. manifestiert sich darin, daß

— Theorieentwürfe die Praktiker gar nicht/zu spät erreichen, weil 1) die von vornherein nicht Interessierten sowie 2) die von der Linguistik inzwischen Enttäuschten neuere Theorieentwürfe nicht wahrhaben wollen und 3) die an der Linguistik Interessierten neure Theorieentwürfe auf Grund ihrer Arbeitsbelastung nicht verarbeiten können. Der Zeitverlust ist u. a. dadurch bedingt, daß neuere Theorieentwürfe an den Hochschulen erst eine Zeitlang „reifen" müssen, dann mit zeitlicher Verzögerung als fachwissenschaftliche Arbeiten publiziert werden und schließlich mit zusätzlicher Verzögerung simplifiziert in fachdidaktischen Zeitschriften, Unterrichtsmaterialien usw. erscheinen. Inzwischen werden aber an den Hochschulen neuere Theorien propagiert. Beispiel: Ein Lehrer ohne besondere linguistische Vorkenntnisse müht sich ab, im Selbststudium Chomsky zu verstehen, und erfährt gerade dann, wenn er meint, ihn verstanden zu haben und anwenden zu können, daß er „aufs falsche Pferd gesetzt hat", daß diese Systemlinguistik für seinen Unterricht nichts erbringt und daß seine Mühe z. T. zumindest umsonst war. Wird er dann noch den Mut/die Lust haben, weitere linguistische Theorien zu studieren?

— Praxisprobleme/Praxismodelle den Theoretikern nicht/kaum/sehr spät bekannt werden
(vgl. Zitate S. 77 f. und die Kontroverse zwischen *Lang/Thümmel* 1974 und *Hölsken/Sauer* 1975)

— Praxis und Theorie gar nicht/nur äußerst selten und unter größten Schwierigkeiten zusammenarbeiten

— Curriculumarbeit — wenn überhaupt — isoliert entweder wissenschaftsintern oder schulintern betrieben wird

— Lehrerausbildung zeitlich fixiert ist
(da keine kontinuierliche Fortbildung existiert, bleibt der Wissensstand

oft auf den Zeitraum des Studiums und Referendariats begrenzt)
— Lehrerfortbildung — wenn sie stattfindet — inhaltlich und organisatorisch unverbunden und getrennt von anderen Ausbildungsphasen (Hochschule und Referendariat) abläuft.

Die Folgen aus dieser Art von Lehrerausbildung sind, daß angehende Lehrer den täglichen Problemen des Unterrichts nur unzureichend gewachsen sind, da sie während der Ausbildung Situationen ihrer Berufspraxis erst sehr spät und dann ohne intensivere theoretische Fundierung kennengelernt haben. Weiterhin haben die Lehrer bei der Verwendung moderner Linguistik im Unterricht Schwierigkeiten, da sie isoliert gelernte Theorien nicht miteinander verbinden und nicht in konkreten Kontexten anwenden können und durch eine fehlende systematische und permanente Fortbildung vom Fortschritt der Wissenschaften und einem notwendigen Erfahrungsaustausch mit Kollegen ferngehalten werden. Der auf diese Weise wissenschaftlich ausgebildete Lehrer greift zur Selbsthilfe und beginnt via Selbststudium, auf das er natürlich während seiner Ausbildung nicht vorbereitet worden ist, eine neue — den Erfordernissen seiner Berufspraxis entsprechende Ausbildung.

Die vielen offenen Probleme um das Verhältnis zwischen Linguistik und Sprachunterricht (z. B. die zentrale Frage nach der „Sinnhaftigkeit linguistischer Themen/Theorien im Sprachunterricht" vgl. 4.6. S. 55 ff.) können nicht im Rahmen eines traditionellen, Theorie und Praxis trennenden Lehrerausbildungskonzepts gelöst werden, in dem theoretische Erkenntnisse willkürlich aneinandergereiht und als für die Praxis relevant erklärt werden, ohne daß die besonderen Bedingungen der Praxis berücksichtigt würden.

Als möglichen Weg für die Lösung dieser Probleme skizzieren wir im folgenden ein spezialisiertes Forschungs- und Lehrprogramm, das wir vorläufig als „Pädago-Linguistik" bezeichnen wollen.

In diesem Forschungsprogramm wird das Verhältnis von Theorie- und Praxis am Beispiel möglicher Beziehungen zwischen der Wissenschaft Linguistik und dem Sprachunterricht untersucht und zum Gegenstand der Lehre im Rahmen der Sprachlehrerausbildung an der Hochschule gemacht:

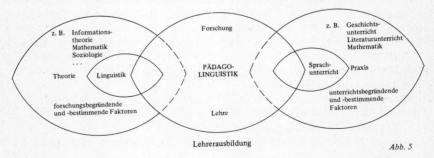

Abb. 5

Linguistik und Sprachunterricht sind kontextabhängige Größen und können deshalb nicht isoliert und bedingungsfrei behandelt werden. Den Kontext der Linguistik bilden auf der Theorieebene innerhalb bestimmter Organisationsstrukturen die anderen Wissenschaften und ihre Teildisziplinen mit ihren divergierenden und/oder konvergierenden Fundierungen, Interessen, Gegenständen und Methoden: Informationstheorie, Kommunikationswissenschaft, Mathematik, Psychologie, Soziologie, Philosophie, Wissenschaftstheorie usw. Den Kontext des Sprachunterrichts auf der Praxisebene bilden im Rahmen bestimmter schulischer Organisationsformen andere Fächer, unterrichtsbegründende und -bestimmende Faktoren wie pädagogische Konzepte, körperliche und kognitive Entwicklungsprozesse, psychologische Dispositionen, soziologische Voraussetzungen, durch den Staat verordnete Richtlinien, in denen allgemeine und fachliche Lernziele, Inhalte und Methoden fixiert sind, usw. Der jeweilige Kontext präzisiert die Bedeutungen (Gültigkeitsbereich, Fragestellungen) von Linguistik und Sprachunterricht. Je nach Erkenntnisinteresse und Gegenstandsbestimmung, nach Begründungs- und Verwendungszusammenhang wird Linguistik idealistisch oder materialistisch begründet, mathematisch oder gesellschaftswissenschaftlich definiert, als Grundlagenforschung oder anwendungsbezogen betrieben, weitgehend formalistisch oder umgangssprachlich präsentiert usw. Neben Systemlinguistik gibt es Sozio- und Psycholinguistik, Textlinguistik und Pragmalinguistik, Computerlinguistik, Algebraische Linguistik, Areallinguistik, Neurolinguistik usw. (vgl. z. B. *Lexikon der Germanistischen Linguistik* 1973). Sprachunterricht wird audio-visuell, audio-lingual, programmiert, situativ, kommunikativ, emanzipativ/emanzipatorisch, lernziel-, projektorientiert usw. konzipiert. In vielen Fällen sind Kontext und kontextbestimmende Merkmale nicht eindeutig identifizierbar. Entsprechend vage sind die Bedeutungen (Gültigkeitsbereich, Fragestellungen). Was als Theorie ausgegeben wird und was als theoretisch abgesichert aufgefaßt und viel zu schnell und unreflektiert in die Praxis übernommen wird, ist oft nichts anderes als Entwurf, Skizze oder Erläuterung von subjektiven Erfahrungswerten.

Im Rahmen „pädago-linguistischer" *Forschung* werden diese, verschiedenen Ebenen entstammenden, differierenden und über die verschiedenartigsten Formen der Zusammenarbeit (zufällig, informell, mehr oder weniger systematisch) verbundenen kontextuellen Bedeutungen hinsichtlich der Relation Linguistik — Sprachunterricht miteinander konfrontiert, dadurch auf spezifische Weise neu kontextualisiert und systematisiert. „Pädago-Linguistik" als fachdidaktische *Lehre* innerhalb der Lehrerausbildung an der Hochschule umfaßt die Reflexion und Vermittlung dieser neuen Kontextualisierungs- und Systematisierungsprozesse in einem bestimmten gesellschaftlichen Kontext. Pädago-Linguistik ist damit eine auf eine besondere im folgenden näher zu bestimmende Relation von Theorie und Praxis und deren Bedingungs- und

Einflußfaktoren konzentrierte Fachdidaktik. Sie kann deshalb nicht nur als ein spezialisierter bzw. reduzierter Teil einer umfassenden Deutschdidaktik aufgefaßt werden: Pädago-linguistische Forschung und Lehre umfaßt in gleichem Maße die Untersuchung des Verhältnisses der Linguistik zum Fremdsprachenunterricht und zum eigensprachlichen Unterricht und deren Relationen untereinander. Damit begrenzt und überschreitet die pädago-linguistische Fachdidaktik zugleich die traditionellen Bereiche einer umfassenden oder spezialisierten Deutsch- und Fremdsprachendidaktik.

Als integrierendes Element innerhalb der genannten Kontextualisierungs- und Systematisierungsprozesse und zugleich als effektivste und konkreteste Form pädago-linguistischer Lehr- und Forschungstätigkeit ist die Curriculumarbeit[1] anzusehen. Entgegen den bisherigen Versuchen, die Curriculumarbeit als ein Element unter anderen im Rahmen der Fachdidaktik anzusehen (vgl. z. B. *Helmers* 1973, *Daniels* 1974), ist die Curriculumarbeit Fokus der pädago-linguistischen Forschungs- und Lehrtätigkeit (vgl. dazu 5.1 ,,Forderungen der Praxis an Fachwissenschaft und Fachdidaktik"). Entsprechend den bisherigen Überlegungen kann Curriculumarbeit nur theorie-praxisbezogen durchgeführt werden, d. h. unter Beteiligung von Vertretern der verschiedenen Kontextbereiche der Linguistik auf der Theorieebene und des Sprachunterrichts auf der Praxisebene. Die bekannten Negativeffekte ausschließlich einzelfachorientierter wissenschafts-/theorieinterner oder schul-/praxisinterner Curriculumentwicklung werden durch eine theorie-praxisorientierte Curriculumarbeit verhindert: Die im Rahmen wissenschaftsinterner Curriculumarbeit produzierten Materialien haben auf Grund ihres mit dem Stempel der Wissenschaftlichkeit versehenen hohen Anspruchsniveaus einen erheblichen Abschreckungseffekt bei den Lehrern und werden folglich im Unterricht nur zögernd/gar nicht verwendet. Diese negative Haltung gegenüber derartigen Materialien ist allerdings wesentlich psychologisch bedingt: die Lehrer fühlen sich von durch Experten vorgefertigten Materialien vom Innovationsprozeß ausgeschlossen. Auf der anderen Seite ist die Entwicklung von Materialien auf der Basis praxisinterner Curriculumarbeit[2] insofern illusorisch, als die Lehrer auf Grund einer defizitären Lehrerfortbildung die notwendigen wissenschaftlichen Voraussetzungen kaum erfüllen können, wie die Befragung eindeutig gezeigt hat. Darüberhinaus müßten sich die Lehrer auf Dauer durch die zeitaufwendige Curriculumarbeit bei Beibehaltung aller sonstigen Verpflichtungen überfordert fühlen. Erschwerend kommt hinzu, daß Abstraktionsgrad,

1 Wir verstehen hier unter Curriculumarbeit die Konzipierung von Unterrichtsmodellen verschiedensten Ausmaßes, deren empirische Erprobung und Evaluation im Rahmen pädagogischer Zielvorstellungen.
2 Gemeint ist hier nicht die Curriculumarbeit im Rahmen staatlich finanzierter Modellversuche, für die einzelne ausgewählte Lehrer freigestellt werden (z. B. im Rahmen der wissenschaftlichen Begleitforschung zum Modellversuch Gesamtschule in NRW).

Unübersichtlichkeit und Heterogenität der im Augenblick zur Verfügung stehenden curriculumtheoretischen und fachwissenschaftlichen Literatur dem Lehrer nur eine unzureichende Hilfe bei der konkreten Entwicklungsarbeit bieten.

Theorie-praxisorientierte bzw. „kooperativ-schulnahe" Curriculumarbeit (vgl. dazu z. B. *Gerbaulet* u. a. 1972, *Deutscher Bildungsrat* 1974) versucht, diese Schwierigkeiten zu überwinden.

Sie geht davon aus,
— daß sich Theorie an Praxis ausweisen muß
— daß die Praxis ohne theoretische Reflexion nicht auskommen und ohne sie blind bleiben muß.

Sie bedeutet,
— daß Curriculumentwicklung auf viele Kompetenzen angewiesen ist, wenn sie nicht dilettantisch betrieben werden soll
— daß Curriculumentwicklung unter Beteiligung der Betroffenen geschehen muß, wenn sie auf Schule und Unterricht verändernd wirken will
— daß Curricula neben der *gemeinsamen* Entwicklung durch Theorie und Praxis auch *gemeinsam* erprobt und überarbeitet werden müssen

Sie ermöglicht
— eine praxisorientierte Theoriebildung
— eine theoriebegründete Praxis
— eine theoriegelenkte und an praktischen Bedürfnissen orientierte Lehreraus- und Lehrerfortbildung.

Wenn davon die Rede war, daß innerhalb der „Pädago-Linguistik" Forschung und Lehre im Rahmen der Lehrerausbildung eine Einheit bilden, dann folgt daraus, daß theorie-praxisbezogene Curriculumarbeit in der *Lehrerausbildung* beginnen muß. Da ein konstituierendes Merkmal theorie-praxisbezogener Curriculumarbeit die Beteiligung aller Betroffenen ist, heißt das bereits für die Lehrerausbildung Einschluß von in der Praxis tätigen Lehrern. Theorie-praxisbezogene Curriculumarbeit in der Lehrerausbildung wird damit gleichzeitig theoriegelenkte und an praktischen Bedürfnissen orientierte *Lehrerfortbildung*. Damit wird nicht gesagt, daß dies die einzige Form von Lehrerfortbildung sein muß (vgl. dazu 3.5.3 „Vorschläge zur Defizitbeseitigung"). Lehrerfortbildung durch Curriculumarbeit ist jedoch traditionellen Lehrerfortbildungsformen insofern überlegen, als sie nicht die Lehrer mit theoretischen Informationen vollstopft und sie anschließend ohne weitere Hilfen wieder in die Schule entläßt. Jedoch kann theorie-praxisbezogene Curriculumarbeit als zentraler Bestandteil einer entsprechenden Lehrerausbildung und als sinnvolle Form der Lehrerfortbildung nicht ausreichend sein, wenn sie nur im Rahmen der Lehrerausbildung geschieht. Soll es nicht bei punktuellen Entwürfen, Erprobungen und Überarbeitungen bleiben — und nur dies läßt das augenblickliche Lehrerausbildungssystem zu — ist es notwendig, das beschriebene Modell zu dezentralisieren. Das heißt: Um die empirische Basis der Curriculumarbeit zu erweitern und um den Aspekt der schulnahen Curriculumarbeit zu unterstreichen, wird die in der Lehrerausbildung begonnene Form der Curriculumarbeit an einzelnen Schulen weitergeführt, in der zusammengesetzte Teams (Kontaktlehrer, Studenten, Fachwissenschaftler und -didaktiker), aber auch einzelne Lehrer in Verbindung mit den Teams bestimmte innerhalb der pädago-linguistischen Lehre und Forschung entwickelte Hypothesen nach bestimmten gemeinsam entworfenen Forschungskriterien überprüfen. Diese Planung ist nicht illusorisch; sie beruht auf der in der Befragung von einer Vielzahl von Lehrern gegebenen Bereitschaftserklärung zur Mitarbeit an der Entwicklung und Erprobung von Unterrichtsmaterialien.

Die an dieser Arbeit beteiligten Lehrer bekämen die Funktion von informellen (gegenüber Kollegen und Fachkonferenzen) oder offiziellen „Multiplikatoren" (auf Lehrerfortbildungstagungen durch Erfahrungsberichte) im Sinne einer theorie-praxisbezogenen Lehrerfortbildung. Dadurch könnte der durch einseitige theoretische Instruktionen von Fachwissenschaftlern auf den sogenannten „Lehrerfortbildungstagungen" erzeugte „Theorieschock" vermieden bzw. gemildert werden und der Weg zu einem intensiveren Erfahrungsaustausch unter Fachkollegen geebnet werden.

Entsprechend den neuen Gesichtspunkten läßt sich die Abb. 5 in folgender Weise erweitern:

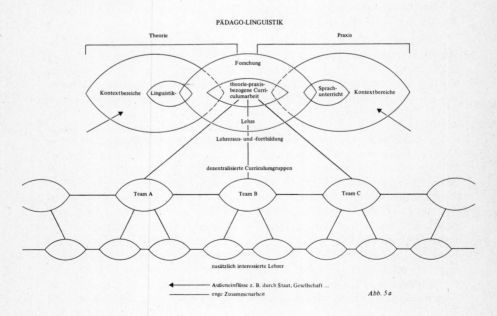

PÄDAGO-LINGUISTIK

Theorie — Praxis

Forschung

Kontextbereiche — Linguistik- — theorie-praxis-bezogene Curriculumarbeit — Sprachunterricht — Kontextbereiche

Lehre

Lehreraus- und -fortbildung

dezentralisierte Curriculumgruppen

Team A — Team B — Team C

zusätzlich interessierte Lehrer

◄——— Außeneinflüsse z. B. durch Staat, Gesellschaft ...
——— enge Zusammenarbeit

Abb. 5 a

Im Rahmen des dargestellten pädago-linguistischen Modells wird durch theorie-praxisbezogene Curriculumarbeit verhindert, daß die Studenten als zukünftige Lehrer Theorien isoliert von praktischen Anwendungsfeldern begegnen. Durch die Zusammenführung von theoretischen Gesichtspunkten und praktischen Bedürfnissen in konkreter Curriculumarbeit werden sie mit Aufgaben und Problemen ihres zukünftigen Berufsfeldes vertraut. Gleichzeitig wird ihnen auf diese Weise besser als in der traditionellen − Theorie und Praxis trennenden − Lehrerausbildung ermöglicht, den Sinn und Nutzen des Erwerbs theoretischen Wissens zu erkennen, ohne das eine sinnvolle praktische Tätigkeit nicht denkbar ist.

„Pädago-Linguistik" ließe sich so als integrierte Forschungs-, Instruktions- und Produktionsunternehmung bezeichnen, in der die Trennung von Didaktik der Linguistik (als Form fachspezifischer Schuldidaktik) im Rahmen interdisziplinärer und theorie-praxisbezogener Kooperation aufgehoben ist. Pädago-linguistische Forschung und Lehre wäre damit im Zusammenhang von Linguistik und Sprachunterricht die problemzentrierte und institutionalisierte Konkretisierung und Aktualisierung von Didaktik als Wissenschaft von der Vermittlung zwischen Theorie und Praxis (vgl. dazu *Kopperschmidt* 1975).

Anhang

1. Der Fragebogen:

(1) In welcher Weise haben Sie sich mit der modernen Linguistik beschäftigt?
(Bitte kreuzen Sie das Entsprechende an. Mehrfachnennungen sind möglich.)

    a. Hochschulstudium

    b. Referendariat

    c. Selbststudium
      (z. B. Quadriga-Funkkolleg ohne Teilnahme an den Begleitseminaren, einführende oder spezielle Fachliteratur, Unterrichtswerke usw.)

    d. Offizielle staatliche Lehrerfortbildung
      (z. B. Landesinstitut für schulpädagogische Bildung)

    e. Kontaktstudium
      (z. B. Quadriga-Funkkolleg mit Beteiligung an den Begleitseminaren)

Zu a. Hochschulstudium

1. Bei welchen Hochschullehrern?
(Schreiben Sie bitte hinter den Namen des Hochschullehrers die jeweilige Fachdisziplin und den ungefähren Zeitraum.)
2. Mit welchen Theorien/Modellen/Schulen?
(z. B. generative Transformationsgrammatik, Dependenz- bzw. Valenzmodell, inhaltbezogene Sprachwissenschaft)
(Schreiben Sie bitte hinter die Theorien usw. die jeweiligen Fachdisziplinen und den ungefähren Zeitraum.)
3. Mit welchen Gegenstandsbereichen und auf welchen Ebenen?
(z. B. Soziolinguistik, z. B. Phonologie)
4. Welche Theoretiker wurden ausführlich behandelt?
(z. B. Bloomfield, Glinz, Harris, Tesnière)
(Schreiben Sie bitte hinter die Namen die jeweiligen universitären Fachdisziplinen und den ungefähren Zeitraum.)

5. Zu welchen der genannten Themen haben Sie Seminar- bzw. Prüfungsarbeiten vorgelegt?

Zu b. Referendariat

1. In welchen Schulfächern?
   (Schreiben Sie bitte hinter die Schulfächer den jeweiligen Zeitraum.)
2. Mit welchen Theorien/Modellen/Schulen?
   (Geben Sie bitte hinter den Theorien usw. das jeweilige Schulfach an.)
3. Mit welchen Gegenstandsbereichen und auf welchen Ebenen?
   (z. B. Soziolinguistik, z. B. Phonologie)
4. Mit welchen Theoretikern?
   (Bitte dahinter das jeweilige Schulfach)
5. Mit welchen Sprachlehrwerken?
   (z. B. Wort und Sinn, Klein-Strohmeyer)
6. Mit Hilfe welcher Fachliteratur und/oder welcher Zeitschriftenartikel? Bitte nennen Sie die wichtigsten Titel.
   (Bitte hinter die Titel auch das jeweilige Schulfach)

Zu c. Selbststudium

1. In welchen Fachdisziplinen/Schulfächern?
   (Schreiben Sie bitte hinter das jeweilige Fach auch den ungefähren Zeitraum.)
2. Mit welchen Theorien/Modellen/Schulen?
   (Bitte dahinter auch Angabe der jeweiligen Fachdisziplin bzw. des Schulfachs)
3. Mit welchen Gegenstandsbereichen und auf welchen Ebenen?
4. Mit welchen Theoretikern?
   (Bitte geben Sie hinter den Theoretikern die jeweiligen Fachdisziplinen/Schulfächer an.)
5. Mit welchen Sprachlehrwerken?
   (z. B. Wort und Sinn, Klein-Strohmeyer)
6. Mit Hilfe welcher Fachliteratur und welcher wichtiger Zeitschriftenartikel?
   (Bitte geben Sie hinter den Titeln die jeweilige Fachdisziplin/das jeweilige Schulfach an.)

Zu d. Offizielle staatliche Lehrerfortbildung:

1. In welchen Fächern, bei welchen Institutionen, welche Referenten und in welchem ungefähren Zeitraum?
(z. B. Deutsch, Landesinstitut für schulpädagogische Bildung, Heringer, 1971)

2. Welche Themen wurden behandelt?
(Bitte auch die entsprechenden Fächer angeben.)

3. Welche Theorien/Modelle/Schulen wurden dabei behandelt?
(Bitte auch die entsprechenden Fächer angeben.)

Zu e. Kontaktstudium:
(Bitte machen Sie Ihre Angaben nach der vorangegangenen Reihenfolge.)

(2) Welche Teile Ihrer sprachwissenschaftlichen Ausbildung halten Sie aus der Perspektive Ihrer Berufspraxis für überflüssig?

(3) Halten Sie Ihre sprachwissenschaftliche Ausbildung — gemessen an den Erfordernissen der neueren Richtlinienentwürfe — für ausreichend?

(4) Wie lassen sich mögliche Defizite Ihrer Meinung nach am besten ausgleichen?

(5) Haben Sie linguistische (Teil-) Theorien in Ihrem Unterricht angewandt/ vermittelt? (Ja — Nein)

(6) Wenn ja, in welcher organisatorischen Form?
(Kreuzen Sie bitte das Entsprechende an. Mehrfachnennungen sind möglich.)

a. integriert im Deutschunterricht

b. als eigenständige Unterrichtsreihe im Rahmen des Deutschunterrichts

c. in einem eigenständigen Linguistikkurs

d. integriert im Fremdsprachenunterricht

e. als eigenständige Unterrichtsreihe im Rahmen des Fremdsprachenunterrichts

(7)   Welche linguistischen Themen haben Sie (der Reihenfolge unter
       (6) a. – e. entsprechend) in welchen Klassen, in welchem Fach und in
       welchem Jahr behandelt?

(8)   Nennen Sie bitte die Materialien, die Sie im Unterricht verwendet ha-
       ben (Sprachlehrwerke, Unterrichtsmodelle z. B. aus fachdidaktischen
       Zeitschriften, selbständig erarbeitete Materialien).
       (Bitte machen Sie Ihre Angaben nach der unter Frage (7) vorgenomme-
       nen Reihenfolge.)

(9)   Welche Kritik hätten Sie an den vorgegebenen Unterrichtsmaterialien
       anzumelden bzw. an welchen Materialien (z. B. über welche Themen-
       gebiete) mangelt es Ihrer Meinung nach?

(10)   Welche der unter Frage (7) genannten Themen interessierten die Schü-
       ler besonders bzw. welche stießen auf Ablehnung?

(11)   Welches waren Ihrer Meinung nach die Gründe für die jeweiligen Re-
       aktionen?

(12)   Halten Sie die Vermittlung linguistischer Theorien im Unterricht über-
       haupt für sinnvoll?
       Begründen Sie bitte Ihr Urteil.

(12a) Welches Votum würde vermutlich Ihre Fachkonferenz abgeben?
       (Überwiegend positiv, überwiegend negativ, unentschieden)

(13)   Wenn Sie die Vermittlung von Linguistik im Unterricht für sinnvoll
       halten, geben Sie bitte an, in welcher organisatorischen Form (inte-
       griert oder in eigenständigem Kurs/Fach) dies geschehen sollte.
       (Bitte differenzieren Sie bei Ihrer Antwort nach Unterrichtsfächern
       und Klassenstufen. Geben Sie bitte eine kurze Begründung.)

(14)   Welche konkreten Forderungen würden Sie aufgrund Ihrer Unter-
       richtserfahrungen an die fachwissenschaftliche und fachdidaktische
       linguistische Forschung stellen?

(15)   Halten Sie es für sinnvoll, wenn Deutsch- und Fremdsprachenlehrer
       an der Entwicklung linguistischer Curricula unmittelbar beteiligt wer-
       den? (Ja – Nein)

       Wenn ja, in welcher Form sollte dies Ihrer Meinung nach geschehen?

(Bitte kreuzen Sie das Entsprechende an. Mehrfachnennungen sind möglich.)

a. auf speziellen Tagungen

b. durch Erprobung von Materialien

c. durch Erarbeitung von Materialien

d. weitere Vorschläge:

(16) Wären Sie bereit, sich an entsprechenden Aktivitäten zu beteiligen?

2. Ergänzung zu 3.3

Im Hochschulstudium, Referendariat und Selbststudium schwerpunktmäßig behandelte Theoretiker (ohne die 25 in Tab. 12 aufgeführten):

Agricola, Baumgärtner, Boas, Bolinger, Coseriu, Eggers, Erben, Firth, Fodor, Geckeler, Gleason, Greimas, Guiraud, Halliday, Katz, Karcevskij, Klein, H. W., Labov, Lado, Lausberg, Leisi, Morris, Nickel, Šaumjan, Sauvageot, Schaff, Schmidt, S. J., Searle, Steger, Trier, Wandruszka, Wartburg.

3. Ergänzung zu 3.4.3

„Mit Hilfe welcher Fachliteratur und welcher Zeitschriftenartikel erwarben Sie im Referendariat und im Selbststudium linguistische Kenntnisse?"
(1- und 2er-Nennungen)

Agicola, E. u. a.: Die deutsche Sprache. (Kleine Enzyklopädie). Leipzig 1969-70.
Arens, H.: Sprachwissenschaft. Der Gang ihrer Entwicklung von der Antike bis zur Gegenwart. Freiburg/München [2]1969.
Bausinger, H.: Deutsch für Deutsche. Dialekte Sprachbarrieren Sondersprachen. Frankfurt/M. 1972.
Bechert, J. u. a.: Einführung in die generative Transformatinsgrammatik. München 1970.

Bechert, J. u. a.: Einführung in die generative Transformationsgrammatik. München 1970.

Bernstein, B.: Elaborated and Restricted Codes: Their Social Origins and Some Consequences. In: Gumperz, J. J./Hymes, D. (eds.): Ethnography of Communication, American Anthropologist 66 (6), 1964, S. 55-96.

Bernstein, B.: Soziokulturelle Determinanten des Lernens. In: Ders.: Soziale Struktur, Sozialisation und Sprachverhalten. Amsterdam 1970, 8-35.

Bernstein, B.: Aspects of Language and Learning in the Genesis of the Social Process. In: Hymes, D. (ed.): Language in Culture and Society, New York 1964, 251-264.

Bierwisch, M.: Poetik und Linguistik. In: Ihwe, J. (Hrsg.): Literaturwissenschaft und Linguistik. Bd. II 2, Frankfurt/M. 1971, 568-586.

Bierwisch, M.: Strukturalismus. Geschichte, Probleme und Methoden. In: Kursbuch 1966, H. 5, 77-152.

Bühler, K.: Die Axiomatik der Sprachwissenschaften. Frankfurt/M. 1969.

Bünting, K.-D.: Einführung in die Linguistik. Frankfurt/M. 1972.

Bünting. K.-D./Kochan, D. C.: Linguistik und Deutschunterricht. Kronberg/Ts. 1973.

Chomsky, N.: Aspekte der Syntaxtheorie. Frankfurt/M. 1969.

Chomsky, N.: Syntactic Structures. The Hague 1963.

Coseriu, E.: Einführung in die Strukturelle Linguistik. Tübingen 1969.

Crystal, D.: Linguistics. Harmondsworth 1971.

Dittmar, N.: Soziolinguistik. Ein Forschungsbericht mit kommentierter Bibliographie. Frankfurt/M. 1972.

Erben, J.: Abriß der deutschen Grammatik. Berlin 1958.

Eichler, W.: Einführung in die Linguistik auf fachdidaktischer Grundlage. Hannover 1972.

Fries, C. C.: The Structure of English. An Introduction to the Construction of English Sentences. New York 1952.

Funk-Kolleg Sprache. Eine Einführung in die moderne Linguistik. Frankfurt/M. 1973.

Geckeler, H.: Strukturelle Semantik des Französischen. Tübingen 1973.

Genouvrier, E./Peytard, J.: Linguistique et enseignement du français. Paris 1970.

Giglioli, P. (ed.): Language & Social Context. Harmondsworth 1972.

Glinz, H.: Der deutsche Satz. Düsseldorf [4]1965.

Grundzüge der Literatur- und Sprachwissenschaft. Hg. v. H. L. Arnold und V. Sinemus. Bd. 2: Sprachwissenschaft. In Zusammenarbeit mit R. Dietrich und S. Kanngießer. München 1974.

Halliday, M. A. K./McIntosh, A./Strevens, P.: The Linguistic Sciences and Language Teaching. London 1964.

Heeschen, C.: Grundfragen der Linguistik. Stuttgart 1972.

Helbig, G.: Geschichte der neueren Sprachwissenschaft. Leipzig 1971.

Heringer, H. J.: Theorie der deutschen Syntax. München 1970.

Heringer, H. J.: Formale Linguistik und Grammatik.

Hörmann, H.: Psychologie der Sprache. Berlin 1967.

Holzer, H./Steinbacher, K.: Sprache und Gesellschaft. Hamburg 1972.

Homberger, D.: Linguistische Übungsformen. Stuttgart 1972.

Hüllen, W.: Linguistik und Englischunterricht. Heidelberg 1973.

Herriot, P.: Language and teaching – a psychological view. London 1971.

Hundsnurscher, F.: Neuere Methoden der Semantik. Tübingen 1970.

Ide, H.: Projekt Deutschunterricht 2: Sozialisation und Manipulation durch Sprache. Stuttgart 1974.

Ivić, M.: Wege der Sprachwissenschaft. München 1971.

Lang, W.: Probleme der allgemeinen Sprachtheorie. Stuttgart 1969.

Leisi, E.: Der Wortinhalt. Seine Struktur im Deutschen und Englischen. Heidelberg 1953.

Leisinger, F.: Elemente des neusprachlichen Unterrichts. Stuttgart [4]1970.

Lepschy, G. C.: Die strukturale Sprachwissenschaft. Eine Einführung. München 1969.
Link, J.: Literaturwissenschaftliche Grundbegriffe. Eine programmierte Einführung auf strukturalistischer Basis. München 1974.
Lyons, J.: Chomsky. Münchwn 1971.
Martinet, A.: Grundzüge der allgemeinen Sprachwissenschaft. Stuttgart 1963.
Martinet, A.: Synchronische Sprachwissenschaft. Berlin 1968.
Mindt, D.: Strukturelle Grammatik, generative Transformationsgrammatik und englische Schulgrammatik. Frankfurt/Berlin/München 1971.
Mounin, G.: Clefs pour la linguistique. Paris 1971.
Mounin, G.: Clefs pour la sémantique. Paris 1972.
Oevermann, U.: Sprache und soziale Herkunft. Frankfurt 1972.
Palmer, F. R.: A Linguistic Study of the English Verb. London 1965.
Peuser, G.: Eine Transformationsgrammatik für den Französischunterricht. Freiburg 1973.
Das Ringen um eine neue deutsche Grammatik. Hg. V. H. Moser. Darmstadt 1969.
Robins, R. H.: General Linguistics: An Introductory Survey. London 1964.
Roeder, P. M.: Sprache, Sozialstatus und Bildungschancen. In: Roeder, P. M./Pasdzierny/ Wolf, W.: Sozialstatus und Schulerfolg. Heidelberg 1965.
Sauvageot, A.: Français écrit, français parlé. Paris 1962.
Schödel, S.: Linguistik (bsv-Studienmaterial). München 1973.
Steger, H.: Vorschläge für eine strukturale Grammatik des Deutschen. Darmstadt 1970.
Texte zu Sprache und Linguistik. Hg. v. D. Homberger und W. Woywodt. Stuttgart 1972.
Thiel, H. (Hrsg.): Reflexion über Sprache im Deutschunterricht. Frankfurt/M. 1972.
Thomas, O.: Transformationelle Grammatik und Englischunterricht. München 1968.
Ullmann, S.: Grundzüge der Semantik. Berlin 1967.
Ulrich, W.: Wörterbuch − Linguistische Grundbegriffe. Kiel 1972.
Wartburg, W. v.: Einführung in die Problematik und Methodik der Sprachwissenschaft. Tübingen [3]1970.
Weinrich, H.: Linguistik der Lüge. Heidelberg 1966.
Weinrich, H.: Tempus. Besprochene und erzählte Welt. Stuttgart 1964.
Weisgerber, L.: Vom Weltbild der deutschen Sprache. Düsseldorf 1965.
Weisgerber, L.: Die vier Stufen in der Erforschung der Sprachen. Düsseldorf 1963.
Werlich, E.: Wörterbuch der Textinterpretation. Dortmund 1969.
Whorf, B. L.: Sprache Denken Wirklichkeit. Reinbek 1963.
Wunderlich, D.: Die Rolle der Pragmatik der Linguistik. In: DU 1970, H. 4, 5-41.

4. Ergänzung zu 4.1
Häufigkeit und Verteilung linguistischer Themen

(a) *Zahl der Themen*

	insg.	D	F
„Großkategorien":			
Systemlinguistik, satzbezogen (ohne Semantik):			
− Phonetik/Phonologie	17	4	13
− Morphologie	1	1	−
− Syntax unspezifiert	6	6	−
− strukturale Syntax	13	8	5
− Grammatiktheorien unspezifiziert	6	5	1
− GTG	25	20	5
− Valenz-/Dependenzgrammatik	8	8	−
− Strukturale Grammatik	30	21	9
zusammen	106	73	33
Systemlinguistik, textbezogen (strukturale Textlinguistik):			
− strukturale Textsyntax	18	12	6
− strukturale Textlinguistik/Textkonstitution	13	8	5
− Textsorten	2	2	−
zusammen	33	22	11
Semantik (einschließlich Textsemantik):			
− Semantik unspezifiziert	17	7	10
− strukturale Semantik	6	1	5
− strukturale Textsemantik	18	6	12
zusammen	41	14	27
Sprache und Kommunikation:			
− Sprache und Kommunikation	50	41	9
− Pragmalinguistik/Sprechakttheorie	6	6	−
zusammen	56	47	9

Sprache im sozialen Kontext:			
– Sprache und Sozialisation	6	4	2
– Sprache und Schicht	41	35	6
– Sprache der Werbung	8	8	–
– Sprache der Politik	6	6	–
– Fach- und Sondersprachen	14	14	–
– Dialekte/Umgangs-/Hochsprache	15	15	–
zusammen	90	82	8

Linguistik und Nachbardisziplinen:			
– Linguistik und Zeichentheorie	8	8	–
– Linguistik und Informationstheorie	2	2	–
– Linguistik und Literatur	1	1	–
– Linguistik und Stilistik	1	–	1
– Linguistik und Sprachvergleich	6	4	2
zusammen	18	15	3

„Restkategorien":			
– „systematische Textbehandlung" unspezifiziert . . .	6	–	6
– „Kompetenztraining"	1	1	–
zusammen	7	1	6

(b) *Zahl der Lehrer,* die das jeweilige Thema behandelt haben

	insg.	D	F
„Großkategorien":			
Systemlinguistik, satzbezogen (ohne Semantik):			
– Phonetik/Phonologie	5	2	3
– Morphologie	1	1	–
– Syntax unspezifiziert	3	3	–
– strukturale Syntax	3	2	1
– Grammatiktheorien unspezifiziert	5	5	–
– GTG	12	10	2
– Valenz-/Dependenzgrammatik	1	1	–
– strukturale Grammatik	6	3	3
zusammen	36	27	9

Systemlinguistik, textbezogen (strukturale Textlinguistik):			
− strukturale Textsyntax	3	2	1
− strukturale Textlinguistik/Textkonstitution	4	2	2
− Textsorten	2	2	−
zusammen	9	6	3

Semantik (einschließlich Textsemantik):			
− Semantik unspezifiziert	5	3	2
− strukturale Semantik	4	1	3
− strukturale Textsemantik	3	1	2
zusammen	12	5	7

Sprache und Kommunikation:			
− Sprache und Kommunikation	20	18	2
− Pragmalinguistik/Sprechakttheorie	1	1	−
zusammen	21	19	2

Sprache im sozialen Kontext:			
− Sprache und Sozialisation	3	3	−
− Sprache und Schicht	19	18	1
− Sprache der Werbung	2	2	−
− Sprache der Politik	2	2	−
− Fach- und Sondersprachen	2	2	−
− Dialekte/Umgangs-/Hochsprache	3	3	−
zusammen	31	30	1

Linguistik und Nachbardisziplinen:			
− Linguistik und Zeichentheorie	2	2	−
− Linguistik und Informationstheorie	2	2	−
− Linguistik und Literatur	1	1	−
− Linguistik und Stilistik	1	−	1
− Linguistik und Sprachvergleich	2	1	1
zusammen	8	6	2

„Restkategorien"			
− „systematische Textbehandlung" unspezifiziert	1	−	1
− „Kompetenztraining"	1	1	−
zusammen	2	1	1

(c) Zahl der Themen pro Jahr

Systemlinguistik, satzbezogen (ohne Semantik):

	vor 66	66	67	68	69	70	71	72	73	74	75
– Phonetik/Phonologie	–	–	–	–	3	2	3	2	3	3	1
– Morphologie	–	–	–	–	–	–	–	–	–	1	–
– Syntax unspezifiziert	–	–	–	–	–	–	–	2	2	2	–
– strukturale Syntax	–	–	–	–	–	–	1	3	3	3	3
– Grammatiktheorien unspez.	–	–	–	–	–	–	1	1	2	1	1
– GTG	–	–	–	–	–	2	2	4	3	6	8
– Valenz-/Dependenzgrammatik	–	–	–	–	–	–	–	2	2	2	2
– strukturale Grammatik	–	–	–	2	2	4	8	6	4	4	–
insgesamt	–	–	–	2	5	8	15	20	19	22	15 (30)

Systemlinguistik, textbezogen (strukturale Textlinguistik):

	vor 66	66	67	68	69	70	71	72	73	74	75
– strukturale Textsyntax	–	–	–	–	–	–	3	4	4	4	3
– strukturale Textlinguistik/ Textkonstitution	–	–	–	–	–	–	2	2	2	3	4
– Textsorten	–	–	–	–	–	–	–	–	–	1	1
insgesamt	–	–	–	–	–	–	5	6	6	8	8 (16)

Semantik (einschließlich Textsemantik):

	vor 66	66	67	68	69	70	71	72	73	74	75
– Semantik unspezifiziert	–	–	–	1	1	2	2	2	2	3	4
– strukturale Semantik	–	–	–	–	–	–	–	–	3	3	–
– strukturale Textsemantik	–	–	–	–	–	2	4	3	4	4	1
insgesamt	–	–	–	1	1	4	6	5	9	10	5 (10)

Sprache und Kommunikation:

	vor 66	66	67	68	69	70	71	72	73	74	75
– Sprache u. Kommunikation	–	–	–	–	–	1	1	8	11	16	13
– Pragmalinguistik/Sprechakttheorie	–	–	–	–	–	–	–	–	2	2	2
insgesamt	–	–	–	–	–	1	1	8	13	18	15 (30)

Sprache im sozialen Kontext:

	vor 66	66	67	68	69	70	71	72	73	74	75
– Sprache u. Sozialisation	–	–	–	–	–	–	–	–	2	2	2
– Sprache und Schicht	–	–	–	–	–	2	3	4	10	14	8
– Sprache der Werbung	–	–	–	1	1	1	1	1	1	1	1
– Sprache der Politik	–	–	–	–	–	1	1	1	1	1	1
– Fach- und Sondersprachen	4	1	1	1	1	1	1	1	1	1	1
– Dialekte/Hoch-/Umgangssprache	–	–	–	–	–	–	5	3	3	2	2
insgesamt	4	1	1	2	2	5	11	10	18	21	15 (30)

Linguistik und Nachbardisziplinen:											
– Linguistik u. Zeichentheorie	–	–	–	–	–	1	1	1	3	1	1
– Linguistik u. Informationstheorie	–	–	–	–	–	–	–	–	1	1	–
– Linguistik u. Literatur	–	–	–	–	–	–	–	–	–	1	–
– Linguistik u. Stilistik	–	–	–	–	–	–	–	–	1	–	–
– Linguistik u. Sprachvergleich	–	–	–	–	–	–	–	–	–	2	4
insgesamt	–	–	–	–	–	1	1	1	5	5	5 (10)
Einführung in die Linguistik:	–	–	–	–	–	–	1	1	3	3	2 (4)
Inhaltbezogene Sprachwissenschaft:	3	1	1	1	1	1	1	1	1	–	–
Sprache – Denken – Realität:	3	1	1	1	1	3	3	2	–	1	1 (2)
„Restkategorien"											
– „systematische Textbehandlung" unspezifiziert	–	–	–	–	–	1	1	1	1	1	1
– „Kompetenztraining	–	–	–	–	–	1	–	–	–	–	–
insgesamt	–	–	–	–	–	2	1	1	1	1	1 (2)

(d) Zahl der Themen pro Stufe

	insg.	U	M	O
„Großkategorien":				
Systemlinguistik, satzbezogen (ohne Semantik):				
– Phonetik/Phonologie	17	–	6	11
– Morphologie	1	1	–	–
– Syntax unspezifiziert	6	4	–	2
– strukturale Syntax	13	8	2	3
– Grammatiktheorien unspezifiziert	6	1	1	4
– GTG	25	8	7	10
– Valenz-/Dependenzgrammatik	8	8	–	–
– strukturale Grammatik	30	4	6	20
zusammen	106	34	22	50
Systemlinguistik, textbezogen (strukturale Text-linguistik):				
– strukturale Textsyntax	18	–	9	9
– strukturale Textlinguistik/Textkonstitution	13	–	3	10
– Textsorten	2	–	–	2
zusammen	33	–	12	21

Semantik (einschließlich Textsemantik):				
− Semantik unspezifiziert	17	6	2	9
− strukturale Semantik	6	−	−	6
− strukturale Textsemantik	18	−	11	7
zusammen	41	6	13	22
Sprache und Kommunikation:				
− Sprache u. Kommunikation	50	4	18	28
− Pragmalinguistik/Sprechakttheorie	6	−	−	6
zusammen	56	4	18	34
Sprache im sozialen Kontext:				
− Sprache und Sozialisation	6	−	2	4
− Sprache und Schicht	41	2	10	29
− Sprache der Werbung	8	3	2	3
− Sprache der Politik	6	−	2	4
− Fach- und Sondersprachen	14	4	6	4
− Dialekte/Umgangs-/Hochsprache	15	2	5	8
zusammen	90	11	27	52
Linguistik und Nachbardisziplinen:				
− Linguistik und Zeichentheorie	8	3	2	3
− Linguistik und Informationstheorie	2	−	−	2
− Linguistik und Literatur	1	−	−	1
− Linguistik und Stilistik	1	−	1	−
− Linguistik und Sprachvergleich	6	−	2	4
zusammen	18	3	5	10
„Restkategorien“:				
− „systematische Textbehandlung“ unspezifiziert .	6	−	3	3
− „Kompetenztraining“	1	−	−	1
zusammen	7	−	3	4

5. Ergänzung zu 4.3

Benutzte Materialien (außer den in Tab. 33 schon erwähnten)

Deutsch

Herrschaft durch Sprache. Politische Reden. (Arbeitstexte für den Unterricht). Stuttgart (Reclam) 1974.
Behr, K. u. a.: Sprachliche Kommunikation. Weinheim 1972.
Der Große Duden. Bd. 4: Grammatik. Mannheim 1973.
Erben, J.: Deutsche Grammatik. Ein Abriß. München [11]1972.
Brinker, K.: Das Passiv im heutigen Deutsch. Form und Funktion. München 1971.
Hinze, F.: Deutsche Schulgrammatik. Stuttgart 1968.
Klute, W.: Kommunikation Sprache Text. Frankfurt/M. 1973.
Link, J.: Literaturwissenschaftliche Grundbegriffe. Eine programmierte Einführung auf strukturalistischer Basis. München 1974.
Menzel, W.: Deutsche Schulgrammatik. Paderborn 1972.
Niepold, W.: Sprache und soziale Schicht. Berlin 1970.
Deutsche Spracherziehung (Rahn/Pfleiderer). Stuttgart (Klett).
Sprachhorizonte. Arbeitsunterlagen für den Sprach- und Literaturunterricht. (Reihentitel). Dortmund (Crüwell).
Übungsblätter für den Grammatikunterricht. München (Oldenbourg).
Verstehen und Gestalten. Deutsches Sprachbuch für Gymnasien. München (Oldenbourg).
Wernicke, U.: Sprachwissen. Ein Lehr- und Arbeitsbuch für den Deutschunterricht. Hamburg 1974.

Französisch

Dubois, J. u. a.: Grammaire française. Paris 1974.
Etudes françaises – Cours de base. Stuttgart (Klett).
Grevisse, M./: Le bon usage. Grammaire française. Paris 1960.
Klein, H. W./Strohmeyer, F.: Französische Sprachlehre. Stuttgart (Klett).
Lange/Kowal: Französische Arbeitshefte für die Sekundarstufe II. Paderborn (Schöningh).
Modelle für den neusprachlichen Unterricht: Französisch. (Reihentitel). Frankfurt/M. (Diesterweg).
Problèmes d'aujourd'hui. (Reihentitel). Stuttgart (Klett).
Salut. Französisches Unterrichtswerk. Frankfurt/M. (Diesterweg).
Sammlung Lensing 3. Nouveaux textes français. Dortmund (Lensing).
Weise, K. O. (Hrsg.): Aspects de la France. Stuttgart (Klett).

Englisch

Allen, B.: Teaching English as a Second Language. A Book of Readings. New York, London, Sydney, Toronto 1965.
English. Ausgabe G. Berlin, Colchester (Cornelsen-Velhagen & Clasing, Oxford U.P., English Language Teaching Development).

The English Companion's Modern Grammar. Frankfurt/M. (Diesterweg).
English for Today. Dortmund (Lensing).
Learning English. Englisches Unterrichtswerk für Gymnasien. Stuttgart (Klett).
Sammlung Lensing 2. Text Analysis and Writing Practice. Dortmund (Lensing).
Thomas, O.: Transformationelle Grammatik und Englischunterricht. München 1968.
Zandvoort, R. W.: A Handbook of English Grammar. München (Langenscheidt, Longman).

6. Ergänzung zu 4.4

Kritik der Unterrichtsmaterialien

Da für einzelne fremdsprachliche Unterrichtsmaterialien kaum kritische Nennungen erfolgt sind, beschränken wir uns bei der folgenden Aufstellung auf das *Fach Deutsch*.

Als Ergebnis läßt sich festhalten, daß die Kritiken — abgesehen von geringen Verschiebungen in Einzelfällen — insgesamt an *allen* anschließend aufgeführten Materialien im großen und ganzen gleichartig sind. Dabei wird der Kritikpunkt (1)(a) „Materialien zu theoretisch, Anwendbarkeit wird nicht klar" durchgehend am häufigsten genannt.

Mehrfachnennungen
(Nennungen in absoluten Zahlen)

Wort und Sinn

Antworten:	18 Lehrer
positives Urteil:	1 Lehrer

12	Lehrer nannten Kritikpunkt	(1)
10	. . . . davon:	(a)
2	. . . .	(b)
6	. . . .	(c)
3	. . . .	(d)
1	. . . .	(e)
7	Lehrer nannten Kritikpunkt	(2)
2	. . . . davon:	(a)
3	. . . .	(b)
2	. . . .	(c)
1	. . . .	(d)
4	Lehrer nannten Kritikpunkt	(3)
3	. . . . davon:	(a)
2	. . . .	(b)
1	. . . .	(c)

Klett-Sprachbuch

Antworten: 7 Lehrer
positives Urteil: 1 Lehrer

6	Lehrer nannten Kritikpunkt	(1)
6	. . . . davon:	(a)
2	. . . .	(b)
2	. . . .	(c)
1	. . . .	(d)
1	. . . .	(e)
2	Lehrer nannten Kritikpunkt	(2)
1	. . . . davon:	(b)
1	. . . .	(c)

Lesen – Darstellen – Begreifen

Antworten: 5 Lehrer

5	Lehrer nannten Kritikpunkt	(1)
3	. . . . davon:	(a)
2	. . . .	(b)
1	. . . .	(c)
1	. . . .	(g)
4	Lehrer nannten Kritikpunkt	(2)
2	. . . . davon:	(a)
3	. . . .	(b)
2	Lehrer nannten Kritikpunkt	(3)
1	. . . . davon:	(a)
2	. . . .	(b)

Sprache und Sprechen

Antworten: 3 Lehrer

3	Lehrer nannten Kritikpunkt	(1)
3	. . . . davon:	(a)

```
2   . . . . . . . . . . . . .  . . .   . . . . . . . . . . . . . . . . . .  (b)
1   . . . . . . . . . . . . .  . . .   . . . . . . . . . . . . . . . . . .  (c)

1   Lehrer nannte Kritikpunkt                                        (2)
1   . . . . . . . . . . . .  davon:  . . . . . . . . . . . . . . . .  (a)
1   . . . . . . . . . . . . .  . . .   . . . . . . . . . . . . . . . . . .  (d)
```

Homberger, D., Linguistische Übungsformen, Arbeitsmaterialien Deutsch

Antworten: 5 Lehrer

```
5   Lehrer nannten Kritikpunkt                                       (1)
4   . . . . . . . . . . . .  davon:  . . . . . . . . . . . . . . . .  (a)
1   . . . . . . . . . . . . . . . .  . . . .   . . . . . . . . . . . . . . . . . .  (b)
1   . . . . . . . . . . . . . . . .  . . . .   . . . . . . . . . . . . . . . . . .  (c)
1   . . . . . . . . . . . . . . . .  . . . .   . . . . . . . . . . . . . . . . . .  (f)
1   . . . . . . . . . . . . . . . .  . . . .   . . . . . . . . . . . . . . . . . .  (g)

2   Lehrer nannten Kritikpunkt                                       (2)
1   . . . . . . . . . . . .  davon:  . . . . . . . . . . . . . . . .  (b)
1   . . . . . . . . . . . . . . . .  . . . .   . . . . . . . . . . . . . . . . . .  (c)
```

Texte zu Sprache und Linguistik. Arbeitsmaterialien Deutsch

Antworten: 5 Lehrer

```
5   Lehrer nannten Kritikpunkt                                       (1)
3   . . . . . . . . . . . .  davon:  . . . . . . . . . . . . . . . .  (a)
1   . . . . . . . . . . . . . . . .  . . . .   . . . . . . . . . . . . . . . . . .  (b)
1   . . . . . . . . . . . . . . . .  . . . .   . . . . . . . . . . . . . . . . . .  (c)
1   . . . . . . . . . . . . . . . .  . . . .   . . . . . . . . . . . . . . . . . .  (d)
1   . . . . . . . . . . . . . . . .  . . . .   . . . . . . . . . . . . . . . . . .  (f)
1   . . . . . . . . . . . . . . . .  . . . .   . . . . . . . . . . . . . . . . . .  (g)

2   Lehrer nannten Kritikpunkt                                       (2)
1   . . . . . . . . . . . .  davon:  . . . . . . . . . . . . . . . .  (b)
1   . . . . . . . . . . . . . . . .  . . . .   . . . . . . . . . . . . . . . . . .  (c)

2   Lehrer nannten Kritikpunkt                                       (3)
2   . . . . . . . . . . . .  davon:  . . . . . . . . . . . . . . . .  (c)
```

7. Ergänzung zu 4.5.1
Darstellung der Schülerreaktionen auf die verschiedenen linguistischen Themen

Angaben für Fremdsprachen in Klammern

	negativ	positiv
Systemlinguistik, satzbezogen (ohne Semantik):		
– Phonetik/Phonologie	3 (3)	1
– Morphologie	–	1
– Syntax unspez.	1	2
– strukturale Syntax	1 (1)	–
– Grammatiktheorien unspezifiziert	4	
– GTG	8 (2)	2
– strukturale Grammatik	4 (1)	2 (2)
zusammen	21 (7)	8 (2)
Systemlinguistik, textbezogen (strukturale Textlinguistik):		
– strukturale Textsyntax	1	2 (1)
– strukturale Textlinguistik/Textkonstitution	–	2 (1)
zusammen	1	4 (2)
Semantik (einschließlich Textsemantik):		
– Semantik unspezifiziert	1	4 (3)
– strukturale Semantik	1 (1)	2 (1)
– strukturale Textsemantik	–	1 (1)
zusammen	2 (1)	7 (5)
Sprache und Kommunikation:	4	13 (3)
Sprache im sozialen Kontext:		
– Sprache u. Sozialisation	–	1
– Sprache und Schicht	1	17 (2)
– Sprache der Werbung	–	2
– Sprache der Politik	–	1
– Dialekte/Umgangs-/Hochsprache	–	3
zusammen	1	24 (2)

Einführung in die Linguistik:	2 (1)	2
Sprache – Denken – Realität:	–	2
Linguistik und Nachbardisziplinen:		
– Linguistik und Zeichentheorie	–	1
– Linguistik und Informationstheorie	1	–
– Linguistik und Sprachvergleich	1 (1)	–
zusammen	2 (1)	1

Literaturverzeichnis

Cherubim, Dieter/Henne, Helmut: Zur bewertung von sprachbeschreibungen.
1973   In: ZGL 1973, H. 1, 32-66.

Daniels, Karlheinz: Zum verhältnis von allgemeiner didaktik, fachwissenschaft und fach-
1974   didaktik. Überblick über den derzeitigen diskussionsstand. In: WW 1974,
        H. 1, 21-46.

Deutscher Bildungsrat (Hrsg.): Empfehlungen der Bildungskommission: Zur Förderung
1974   praxisnaher Curriculumentwicklung. Bonn 1974.

Gerbaulet, S. u. a.: Schulnahe Curriculumentwicklung. Ein Vorschlag zur Errichtung Re-
1972   gionaler Pädagogischer Zentren. Stuttgart 1972.

Hamburger Autorenkollektiv: Sprachunterricht gleich Linguistik? Zur Kritik des lingui-
1975   stisierten Sprachunterrichts. Stuttgart 1975.

Handbuch der Linguistik. Hg. v. Harro Stammerjohann.
1975   Stuttgart 1975.

Hartmann, Wilfried: Grammatik im Deutschunterricht. Didaktische Überlegungen auf
1975   generativer Grundlage. Paderborn 1975.

Helmers, Hermann: Didaktik der deutschen Sprache und Literatur in der Deutschlehrer-
1973   ausbildung. In: DU 1973, H. 3, 5-38.

Henrici, Gert: Aspekte sprachlichen und literarischen Unterrichts in Universität, Bezirks-
1973   seminar und Schule. Eine Dokumentation. Berlin/Bielefeld 1973.

Henrici, Gert: Rahmenbedingungen für ein Fach „Linguistik" in der Schule. In: LuD
1974 a   1974, H. 19, 182-193.

Henrici, Gert: Reformvorstellungen und Lehrerausbildung am Beispiel der Linguistik.
1974 b   Eine kritische Situationsanalyse. In: LuD 1974, H. 20, 309-316.

Henrici, Gert: Fachdidaktik als „Didaktikum". Ein praxisorientiertes Modell zur Lehrer-
1975   ausbildung in der Erprobung. In: LB 1975, H. 36, 54-63.

Henrici, Gert: Ein Vorschlag für einen „eigenständigen" Sprachunterricht in der Sekun-
1976 a   darstufe und eine theorie-praxis-bezogene Lehrerausbildung. In: WW 1976,
        H. 2, 98-122.

Henrici, Gert: Linguistikunterricht – Linguistik im Sprachunterricht? In: Henrici, G./
1976 b   Meyer-Hermann, R. (Hrsg.): Linguistik und Sprachunterricht. Beiträge zur
        curricularen Integration der Linguistik in den Sprachunterricht. Pader-
        born 1976,

Hölsken, Hans-Georg/Sauer, Wolfgang Werner: Wi(e)der die saubere Wissenschaft oder
1975   die Angst der Linguisten vor der Schulstube. In: LB 1975, H. 35, 45-53.

Hoppe, Otfried: Der Reformansatz Reflexion über Sprache. Didaktische Konzepte und
1974   linguistische Ansätze. In: DU 1974, H. 3, 61-81.

Klinger, Hartmut: Annotierte Auswahlbibliographie zum Thema „Linguistik in der
1976   Schule". In: Henrici, G./Meyer-Hermann, R. (Hrsg.): Linguistik und
        Sprachunterricht. Beiträge zur curricularen Integration der Linguistik in
        den Sprachunterricht. Paderborn 1976.

Kochan, Detlef C.: Forschung im Bereich des muttersprachlichen Unterrichts. In:
1971   Handbuch der Unterrichtsforschung. Teil 3: Unterrichtsforschung in Schu-
        le und Hochschule. Hrsg. von Karlheinz Ingenkamp. Weinheim 1971,
        Sp. 2679-3020.

König, René (Hrsg.): Das Interview. Formen – Technik – Auswertung. Köln, Ber-
1952   lin 1952.

König, René (Hrsg.): Handbuch der empirischen Sozialforschung.
1967   Stuttgart 1967.
Kopperschmidt, Josef: Linguistik und Hochschuldidaktik. Versuch einer systemati-
1975   schen Skizze des Problemfeldes. In: Baumann, H. H., Pleines, J. (Hrsg.):
         Linguistik und Hochschuldidaktik. Kronberg/Ts. 1975, 133-197.
Kriz, Jürgen: Statistik in den Sozialwissenschaften.
1973   Reinbek 1973.
Lang, Martin/Thümmel, Wolf: Literaturwissenschaftliche betrachtung sprachwissen-
1974   schaftshistorischer denkmäler. In: LB 1974, H. 31, 59-72.
Lexikon der germanistischen Linguistik. Hg. v. H. P. Althaus, H. Henne und H. E. Wie-
1973   gand. Tübingen 1973.
Maas, Utz: Argumente für die Emanzipation von Sprachstudium und Sprachunterricht.
1974   Frankfurt/M. 1974.
Mayntz, Renate u. a.: Einführung in die Methoden der empirischen Soziologie. Opla-
1974   den [4]1974.
Meyer-Hermann, Reinhard: Die neuen NRW-Unterrichtsempfehlungen für das Fach
1975   Deutsch in der Sekundarstufe I und II. Anmerkungen aus linguistischer
         Sicht. LuD 1975, H. 21, 54-77.
Noelle, Elisabeth: Umfragen in der Massengesellschaft. Einführung in die Methoden der
1963   Demoskopie. Reinbek 1963.
Schmidt, Siegfried J.: Texttheorie.
1973   München 1973.
Sitta, Horst: Didaktik und Linguistik.
1974   In: DD 1974, H. 19, 431-445.
Wunderlich, Dieter: Lernziel Kommunikation.
1975   In: DD 1975, H. 23, 263-277.
Zeisel, Hans: Die Sprache der Zahlen.
1970   Köln/Berlin 1970.

ATHENÄUM HAIN SCRIPTOR

Postfach 96
D - 6242 Kronberg

Wolfgang Eichler/Karl-Dieter Bünting
Deutsche Grammatik
Form, Leistung und Gebrauch der Gegenwartssprache
1976. 313 Seiten, 19,80 DM, ISBN 3–589–20501–6

Diese Grammatik enthält nicht nur eine vollständige Beschreibung des Systems der Gegenwartssprache, sondern – im Unterschied zu allen anderen vorliegenden Grammatiken – auch eine Einordnung der Sprache in kommunikative Handlungen sowie eine Prinzipienlehre zur Semiotik und Semantik.

Bei der Beschreibung des Sprachsystems (Grammatik im engeren Sinne) wird ausgegangen von den Kategorien der traditionellen Grammatik. Es wird jedoch auch auf Erkenntnisse der neueren Sprachwissenschaft dort, wo sie unmittelbar einsichtig sind und ein tieferes Verständnis fördern, zurückgegriffen. – Dieser Rückgriff ermöglicht eine erheblich übersichtlichere und knapper gehaltene Darstellung, die das Buch für einen größeren Kreis von Benutzern interessant macht, zumal heute das Interesse an Grammatik in der Ausbildung wieder in den Vordergrund rückt.

Karl Stocker (Hrsg.)
Taschenlexikon der Literatur und Sprachdidaktik
S 94/1 und S 94/2. Zwei Bände in einer Kassette
1976. Je 300 Seiten, kartoniert zusammen 36,00 DM
ISBN 3–589–20384–6/3–454–20384–8
Gebunden in einem Band 48,00 DM
ISBN 3–589–20543–1/3–454–20543–3

Hier wird ein Lernlexikon vorgelegt, das – in dieser Konsequenz wohl erstmalig – wissenschaftliche Grundlegung und Praxisbezug miteinander verzahnt. Es entstand in Zusammenarbeit von Fachleuten in Universitäten, Gesamthochschulen und Studienseminaren aus dem gesamten Bundesgebiet. – Die im Anschluß an die einzelnen Beiträge erstellten Bibliographien berücksichtigen den neuesten Stand von fachwissenschaftlicher und fachdidaktischer Forschung und Diskussion im In- und Ausland.

Das Werk erscheint in Verlagsgemeinschaft mit dem Hirschgraben-Verlag.

ATHENÄUM HAIN SCRIPTOR

Postfach 96
D – 6242 Kronberg

Wolfgang Börner/Bernd Kielhöfer/Klaus Vogel
Französisch lehren und lernen
Aspekte der Sprachlehrforschung
Monographien Literatur + Sprache + Didaktik
Band 8, 1976.
152 Seiten, 14,80 DM, ISBN 3–589–20375–7

Das Buch behandelt einige zentrale Themen der
Sprachlehr- und -lernforschung. Es enthält drei
Beiträge zum Fehlerverhalten, die einen un-
mittelbaren Bezug zur Unterrichtspraxis haben.
Den theoretischen Rahmen zu diesen Beiträgen
bilden zwei grundlegende Aufsätze zum Thema
,,Linguistische und Pädagogische Grammatik''
und zum zentralen Begriff des Transfers.

Karl-Dieter Bünting/Detlef C. Kochan
Linguistik und Deutschunterricht
Taschenbücher S 4, 1973, 3. Aufl. 1975.
244 Seiten, 11,80 DM, ISBN 3–589–00009–0

Rainer Dietrich (Hrsg.)
Aspekte des Fremdsprachenerwerbs
Beiträge zum 2. Fortbildungskurs
DEUTSCH ALS FREMDSPRACHE
Monographien Literatur + Sprache + Didaktik
Band 12, 1976.
Ca. 240 S., ca. 19,80 DM, ISBN 3–589–20504–0

Es werden Verfahren zur genaueren Analyse und
Beschreibung von Faktoren des Fremdsprachenerwerbs entwickelt und Modelle für die
zusammenhängende Darstellung der zahlreichen Einzelerkenntnisse diskutiert. Die Beiträge
sind Ausdruck der wachsenden Annäherung
zwischen Forschungsergebnissen und erkenn-
baren förderlichen Konsequenzen für den
Fremdsprachenunterricht.

Christel Hannig
**Untersuchungen zur Syntax der gesprochenen
und geschriebenen Sprache bei Kindern der
Grundschule**
Monographien Literatur + Sprache + Didaktik
Band 1, 1974.
270 Seiten, 19,80 DM, ISBN 3–589–20032–4

Barbara Kochan (Hrsg.)
**Rollenspiel als Methode sprachlichen und
sozialen Lernens**
Taschenbücher S 34, 1974, 3. Aufl. 1976.
341 Seiten, 16,80 DM, ISBN 3–589–00073–2

Detlef C. Kochan/Wulf Wallrabenstein (Hrsg.)
**Ansichten eines kommunikationsbezogenen
Deutschunterrichts**
Taschenbücher S 40, 1974.
304 Seiten, 16,80 DM, ISBN 3–589–20008–1

Dieter Krallmann (Hrsg.)
**Didaktische Aspekte der Kommunikation –
Kommunikative Aspekte der Didaktik**
Monographien Literatur + Sprache + Didaktik
Band 14, 1976.
Ca. 250 S., ca. 28,– DM, ISBN 3–589–20506–7

Der Sammelband stellt in neun Beiträgen verschiedene Ansätze der Didaktik und Kommunikationswissenschaft dar und untersucht ihre
Verwendbarkeit und Übertragbarkeit auf bestimmte didaktische Felder bzw. Situationen.
Die Beiträge stammen aus den Bereichen der
Linguistik, Kommunikationsforschung, Sprachdidaktik und Curriculumforschung und analy-
sieren z. T. konkrete didaktische Bedingungen
und Situationen.

Johannes Meyer-Ingwersen/Rosemarie
Neumann/Matthias Kummer
**Zur Sprachentwicklung türkischer Schüler in
der Bundesrepublik**
Taschenbücher S 105, 1976.
Ca. 250 Seiten, 11,80 DM, ISBN 3–589–20496–6

Das Buch enthält 1. Materialien, die den deutschen Lehrer türkischer Schüler bei der Unter-
richts- und Stundenplanung unterstützen sollen,
2. einen Zwischenbericht über die Forschungs-
arbeit der Autoren im DFG-Forschungsprojekt
,,Zweisprachigkeit türkischer Schüler an Esse-
ner Schulen'', 3. Überlegungen zur Diskussion
über die Beschulung ausländischer Kinder in
Regelklassen.

ATHENÄUM HAIN SCRIPTOR

Postfach 96
D-6242 Kronberg

Ernst Nündel
Zur Grundlegung einer Didaktik des sprachlichen Handelns
Taschenbücher S 93, 1976.
180 Seiten, 14,80 DM, ISBN 3–589–20383–8

In dem Buch wird sprachliche Kommunikation genauer bestimmt als sprachliches Handeln und damit ein Begründungszusammenhang hergestellt für Deutschunterricht, in dem produktives an Stelle von reproduktivem Denken, Situierung an Stelle von Formalisierung von Sprache, Textverwendungsweisen an Stelle von Textrezeption Vorrang haben. Die gemeinsame Tendenz der sich daraus ergebenden vielfältigen methodischen Konsequenzen bezeichnet der Begriff des projektorientierten Deutschunterrichts.

Ilpo Tapani Piirainen
unter Mitarbeit von Karl-Heinz Grothausmann und Sabine Ruhfus-Köster
Deutsche Rechtschreibung
Dokumentation und Bibliographie zu ihrer Linguistik und Didaktik
Taschenbücher S 106, 1976.
Ca. 300 Seiten, 10,80 DM, ISBN 3–589–20499–0

Renate Bartsch/Veronik Ullmer-Ehrich/Jürgen Lenerz
Einführung in die Syntax
Taschenbücher S 19, 1976.
Ca. 240 S., ca. 14,80 DM, ISBN 3–589–00056–2

Friedrich Braun
Anwendungen der Linguistik im Englischunterricht
Taschenbücher S 95, 1976.
Ca. 220 Seiten, 14,80 DM, ISBN 3–589–20389–7

Der Band bietet einen Überblick über den Stand der Sprachwissenschaft unter besonderer Berücksichtigung unterrichtsrelevanter Forschung und Theoriebildung. Neben den sprachbeschreibenden Disziplinen (Phonologie, Grammatik und Bedeutungslehre) liegt besonderes Gewicht auf Psycholinguistik und Soziolinguistik.

Manfred Braunroth/Gernot Seyfert/Karsten Siegel/Fritz Vahle
Ansätze und Aufgaben der linguistischen Pragmatik
1976. 329 Seiten, 16,80 DM   (AT 2091)

Karl-Dieter Bünting
Einführung in die Linguistik
1972. 240 Seiten, 9,80 DM. 6. erw. Aufl. 1975
(AT 2011)

Norbert Dittmar
Soziolinguistik
Exemplarische und kritische Darstellung ihrer Theorie, Empirie und Anwendung. Mit kommentierter Bibliographie. 3. Aufl. 1975.
420 Seiten, 14,80 DM   (AT 2013)

Werner Kallmeyer/Wolfgang Klein/Reinhard Meyer-Hermann/Klaus Netzer/Hans-Jürgen Siebert
Lektürekolleg zur Textlinguistik
1974.
Bd. 1: Einführung, 300 S., 12,80 DM   (AT 2050)
Bd. 2: Reader, 320 S., 12,80 DM   (AT 2051)

Wolfgang Klein/Dieter Wunderlich (Hrsg.)
Aspekte der Soziolinguistik
1972.
340 Seiten, 9,80 DM, 3. Aufl. 1975   (AT 2017)

Utz Maas
Argumente für die Emanzipation von Sprachstudium und Sprachunterricht
1974.
205 Seiten, 11,80 DM   (AT 2058)

Arne Naess
Kommunikation und Argumentation
Übersetzt und eingeleitet von Arnim v. Stechow
Taschenbücher S 59, 1975.
198 Seiten, 18,– DM, ISBN 3–589–20047–2

Christoph Schwarze
Einführung in die Sprachwissenschaft
Mit Beispielen aus dem Französischen und dem Deutschen
Monographien Linguistik und Kommunikationswissenschaft Band 21, 1975.
174 Seiten, 14,80 DM, ISBN 3–589–20369–2